老人たちの裏社会

新郷由起

宝島
SUGOI
文庫

宝島社

まえがき

死ぬよりも、上手に老いることのほうが難しい時代になってしまった。

近年、刑法犯検挙者における高齢者率は右肩上がりを続けており、この30年(1990〜2020年)で2・2%から22・8%へと10倍超に跳ね上がった。

〝高齢者〟となってから、自らを貶《おとし》める所業に及ぶ老人があとを絶たない。

高齢者による殺人や暴行、性犯罪などの事件報道も今ではすでに日常と化し、かつての「老人＝『老』熟した『人』格者」とするイメージは払拭されつつある。

「若者のお手本となる先人」どころか、街では万引きをしまくり、激高しては暴力に訴え、勘違いを募らせてはシニアストーカーに転じ、「死ぬまでセックス」とばかりに色欲にハマるなど、老醜を晒《さら》し、老害を撒き散らす彼らの言動の根底には一体何が潜んでいるのか。また、その漲《みなぎ》るエネルギーの基となっているものとは――?

本編では世間一般でいわれるところの高齢者――巷《ちまた》で「おじいちゃん」「おばあちゃん」と呼ばれる人々の〝裏〟の顔、公には日の当たりにくい〝陰〟の部分を照らし出し、その生態を浮き彫りにして読み解いていく。

「表」があれば、必ず「裏」がある。

「光」が注げば、必ず「陰」ができる。

生涯現役といえば聞こえはいいが、元気で活動的なご長寿が増え、老年期が延びればまた一方で、従来にはなかった新たな事象や問題も生まれるのだ。

それらの一端を考査すべく、各章ごとにテーマを分けて課題を整理した。

周知のとおり、我が国の長寿大国ぶりを示す数値は毎年「過去最高」を更新し続けている。

2022年公表の諸データによれば、男性の平均寿命は81・47歳。女性は87・57歳で数字の上では過半数が90年を生きる時代となって久しい。100歳以上の高齢者もすでに9万人を突破し、高齢化率は29・1%と2位以下に大差をつけて世界第1位だ。

国民の少なくとも3・5人に1人が65歳以上、7人に1人が75歳以上となっている未曾有の超高齢社会で、噴出している諸現象を多角度から網羅、可視化し考察の一助とする。

本書の初出は2015年2月。同タイトルにて刊行された。

当時はまだ、世間的にも老人は善良かつ穏やかな人徳者として重んじられ、敬い、守るべき社会的弱者である……といったステレオタイプの〝老人像〟の認識や願望が根強く、長寿社会の闇を抉《えぐ》った本作は大きな衝撃を持って受け止められた。多方面から望外の反響を得て今回の文庫化に至った経緯を光栄に思うとともに、深く感謝したい。

なお、再編集においてはデータ類を可能な限り改新し、本文にも一部加筆・修正を施した。ただし、公的な統計資料は内容により実施期間や調査項目が異なるため、わずかながら更新が適わなかった事項も含まれるが、その点はどうかご容赦いただきたい。

また、巻末には『後妻業』著者である黒川博行氏との特別対談も収めさせていただいた。

世界有数の経済大国である日本では、大多数の人に平穏な生活を営む場があり、普通に生きていれば普通に老いていけるだろう土壌が整っている。

では、命がある、暮らしがかなう。ただそれだけで人は「生きている」と言えるのか。

「長生き」は本当に万人にとって幸せなのだろうか。

新郷由起

目次

※対象者の年齢や記載した年数は、取材当時のものです。
識者の所属先や役職は当時のものと併記するか改めました。

装丁／妹尾善史（Landfish）
カバー写真／ Ystudio / PIXTA
本文写真／PIXTAほか
本文DTP／一條麻耶子

第1章 万引き

今や万引きは老人犯罪の筆頭で、万引き検挙者のおよそ5人に2人が65歳以上の高齢者だ。捕捉後に土下座して許しを乞う老人も多い

万引き犯の5人に2人が65歳以上

昼下がり、東京郊外の百貨店。地下食品売り場の一角で、初老の男性とフロアマネージャーのやりとりが周囲の目を引く。

「カネを払えばいいんだろうッ」

「それじゃ済まないんですよ」

「じゃ、いらない。モノを返せばいいよな」

「いえ、とにかく事務所まで来てください」

「わぁ～っ、この店は年寄りをいじめるぞぉ～!」

我こそが被害者と言わんばかりに声を張り上げつつ、男性は店員に背を押されるまま、筆者の目の前でバックヤードへと連れて行かれた。


警察庁発表の統計資料によれば、万引きで検挙される高齢者は2004年に2万人を突破。2011年からは未成年者の検挙数を追い抜き、翌2012年には全体の3割超に達した。

憂慮すべきは、2010年より総数が減少に転じているにもかかわらず、高齢者においては2万人を超えて以降、毎年3万人に迫る域までの間を上下し続けている点だ。

2019年には高齢者（2万2267人）が未成年者（5148人）の約4・3倍となって、全検挙者の実に4割以上を占めることとなる。驚くべき事実だが、今や万引き事犯者の5人に2人が「老人」という状況になっているのだ。

「かつて〝青少年犯罪〟の代表格だった万引きは、今やほぼ8割方が成人の犯行となり、〝大人の犯罪〟へと変化しています。嘆かわしいことに、万引きする年寄りをアルバイト店員の学生がたしなめる時代になっているのです」（全国万引犯罪防止機構副理事長・福井昂氏）

商店主からは嘆息の声が数限りなく聞こえる。

「事務所で女性の年齢を聞いてビックリ！　98歳だったんです。これには駆けつけた警察官も面食らって、ショック死でもされては……と、皆で腫れ物を扱うようにして諭すほかなかった。でも、全部で18点、6000円相当を盗《と》っておきながら『初めて』と言われても、にわかには信じがたいですよ」（都内・専門店経営者）

「89歳の女性を捕捉し、身柄引受人として現れた同居中の67歳の娘を見て、担当の警察官がギョッとした。何と、別の日に違う店舗で娘も万引きで捕まっていたのです」（千葉・スーパー店主）

俗に〝万引きGメン〟と呼ばれる保安員たちも日々、戸惑いの色を隠せない。

「『この人はやらないだろう』と思った人のよさそうな腰の曲がったおばあさんが、一瞬にして鬼の形相になり、素早く自分の手押し車へ菓子パンを入れる姿を見ると、いたたまれない気持ちになる」（女性保安員・51歳）

「孫と一緒に来店して万引きするジジババもいて、『僕も盗っていいの？』と言った孫の一言で発覚した例まであります。最近では見た目が派手な女子高生より、おじいちゃんの挙動と服のポケットをマークしなくちゃいけない。大手ドラッグストアで捕捉した6人のうち、5人が高齢者だった日もありました」（女性保安員・45歳）

「生きている感じがするの」

青年層や国内外の窃盗団が換金、転売目的で盗む家電や化粧品類とは異なり、高齢者では、盗品のほとんどが消費目的の食品や飲料、日用品に限られる。

なかでも刺身は人気の必須アイテムで、警察関係者によれば「高齢になるほど狙う率が高まる。柔らかく、歯が悪くても調理なしですぐ食べられるうえ、洗い物も出ずに後片づけもラクだからです」という。

動機では常に、各種の被疑者アンケート調査で「貧困」と「孤独」が筆頭に挙げられる。

とりわけ、「生活困窮」「生活の不安」「節約」はトップ群を占めるが、実際には盗品を買えるだけの現金を所持しているケースが圧倒的で、「今日明日、食べる物にも困って」と切羽詰まった事例は少数に過ぎない。

無論、「貧困」から発する切実な万引きは従来から一定数存在する。

しかし、年ごとに内閣府が発行する『高齢社会白書』において、「暮らし向きは心配ない」とする60歳以上の男女は例年7割を超えており、2020年公表の数値は74・1%。とくに80歳以上は毎年割合が高く、同77・2%を示している。

「家計にゆとりがあり、まったく心配なく暮らしている」「家計にあまりゆとりはないが、それほど心配なく暮らしている」高齢者が8割近くを占めるこの国で、注視すべきは「生活に窮していない」のに犯行に及ぶ高齢者が続出している点だ。

言うまでもなく「人の持ち物やお店の売り物を盗ってはいけない」のは、社会生活を営むルールとして、大人はもとより、子どもでも知っている常識だろう。認知症などでない限り、何十年も生きてきた高齢者が知らぬはずもなければ、道理を弁《わきま》えぬはずもない。本来なら将来を担う子どもたちへ、「万引きなんてやっちゃダメだよ」と、自らがお手本になって諭すべき立場であるはずだ。

なのになぜ、大多数の「相応に暮らせている」「生活の心配はない」経済状態の高齢者が大挙して万引きに手を染めるのか。

都下のスーパーで菓子や惣菜など13点、計4589円を万引きして捕捉された79歳の主婦を後日に訪ねた。

「何でやったかと聞かれても……何でかしらねぇ」

2DKの都営アパートに2歳上の夫と二人暮らし。身なりもキチンとした、相応に品のある婦人で、2週間前に店舗事務所で「初めてです。ごめんなさい」とうなだれて泣いていたときとは別人に映る。夫婦の年金は月額約22万円。多少の貯金もあり、豊かではないが暮らすには足りる。

「最初はね、ご褒美だったのよ。自分へのね」

夫は10年前に再就職先も退職した。ほぼ24時間、夫が家の中に居続ける生活となって、二人きりの暮らしは苦痛極まりなかったという。

「まさに濡れ落ち葉！　うっとおしいことこの上なく、小さなことにいちいち細かくて、ストレスから首と背中に発疹ができたほどだった」

イライラする毎日に、同居して晩年の姑を看取った労苦や、子どもの教育方針でのたび重なる衝突、更年期のつらい時期に心ない扱いをされたことなど、過去のあらゆる不満と怒りが思い返されて憤懣《ふんまん》は募り続けるばかりだった。

そんなある日、いつも行くスーパーで「ちょっとした出来心から」、特売のいちご大福1個をバッグに忍ばせる。

「心臓は爆発寸前。足がもつれてどう帰宅したかも覚えていないほど。家に帰って、『大変なことをしてしまった！』と、後悔と冷や汗で何日もろくに眠れなかった」と言うが、数年後、夫と大口論の末に出た買い物先で、キャラメル1箱を盗って帰った。

「スーッとしたのね、そのときは。すごぉく頑張っている自分、いっぱい堪《た》えてきた自分に、小さなご褒美くらいあってもいいんじゃないかな、って思えるようになっていったの」

その後は、「ムシャクシャするたびに」不定期で菓子類を1～2個、バッグへ入れるようになり、そのうちに「10点を精算、3点を未精算」から、「どんどん度胸もついて、この1年はお金を出さない品数が増えていった」と話す。

実は、7カ月前にも別のスーパーで捕捉されており、発覚は今回で2度目だ。

「買わなくても済むものなんだ、とわかると、どうにもお金を払うのが馬鹿らしく思えてくるのよ。肝硬変を患っている夫に、この先いくらかかるかわからないし、使わなくて済むお金なら節約したいし……」

万引きが〝悪いこと〟だと頭では理解している。

「この間も恥ずかしかったし、やっぱりダメなことはしちゃいけないわよね。でも、何ていうか……生きている感じがするの。カーッと体の奥が熱くなって、そのときはどんな嫌なことも吹っ飛んじゃうのよ」

ときには「密かな楽しみに感じることもあって」とお茶目に笑う表情からは、罪悪感どころか屈託のなさが漂う。

次に捕まれば始末書だけでは済まない現実を問うと、「やめなきゃね。うん、やめるわよ」と先程と同じ調子の笑顔で答えたのだった。

多様化する万引きの手口

データが示す万引き犯の高齢者率が高い背景には、すでに国民の約3・5人に1人以上が65歳超となった人口構成比の変化と、体力があって逃げ足の速い10〜30代より格段と捕捉しやすい事実も加味しなければならない。

とはいえ、毎年公表される法務省『犯罪白書』によれば、刑法犯として検挙された高齢者は2005年以降ずっと4万人台で推移しており、近年では刑法犯の検挙者総数および、他の年齢層の多くが減少傾向にあるなかで、年齢層別の構成比も飛躍的に上昇。至近30年比では、6625人（1989年）から4万2463人（2019年）へ約6・4倍にまで激増し、同構成比も全体の2・1％から22％と10倍以上に跳ね上がっている。

そのなかにあって注目すべきは罪名別構成比で、2019年では、検挙された高齢者全体（4万2463人）のうち、過半数となる52・4％が「万引き」によるものであり、女性ではそれが75・6％にものぼるという際立った数字は驚愕《きょうがく》に値する。

◉刑法犯 高齢者の検挙人員の罪名別構成比（2019年）

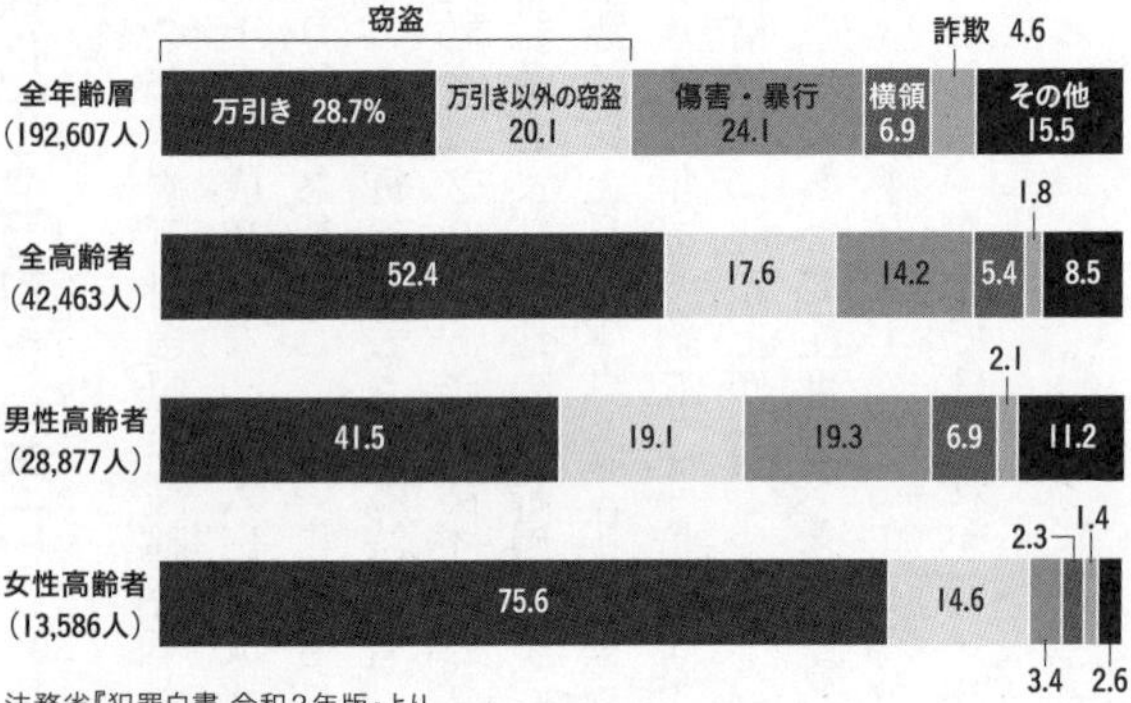

法務省『犯罪白書 令和２年版』より

注１：警視庁の統計による。 注２：犯行時の年齢による。

注３：「横領」は、遺失物等横領を含む。 注４：（ ）内は人員である。

さて、一口に「万引き」といっても、その手口は多種多様だ。

スーパーなどで一度カゴに入れた品物を店内の死角で自分のバッグに移す、もしくは商品を直接自分のカバンやポケットに入れるといった王道のやり方（レジ袋有料化に伴うマイバッグ持参率に比例して被害が急増中）以外にも、レジを通らずにカゴごと商品を持ち出す「レジ抜け」や、カゴやカートに品物を入れてそのまま逃走する「カゴダッシュ」と呼ばれる方法もある。

さらには、商品の中身だけを抜き取って外箱を戻す「中抜き」、トイレや更衣室に持ち込んで盗る「持ち込み」の他に、安価な商品を中心に一度精算した後で再び店内へ戻り、改めて値の張る品物を精算済み商品の中に紛れ込ませるなどの手口がある。

書店では、雑誌の付録見本として展示されているバッグに、新書などを詰め込んでそのまま持ち去られる被害も多発している。


「『喉もと過ぎれば』って言うのかしらね。最初はすごくいけないことをしたと思うし、罪悪感もあるんだけど、1個が2個、2個が3個と〝収穫〟が増えていくと、別に大したことじゃない気がしてくるのよ。『マズイなぁ』と思うことはあっても、それで家族がおいしい物を食べてるならいいじゃないの、と」

そう話すのは、茨城在住の68歳主婦だ。4歳上の夫と40歳になる未婚の息子と3人で、35年前に購入した3LDKのマンションに住む。

初回は2年近く前。新しくできた大型スーパーで、息子へ新発売のチョコ菓子を持ち帰ったのが始まりだった。別に財布を忘れたわけではない。

「どうしてやったかは思い出せない。ただ何となく魔が差したのかも。すごく大きな売り場で、ズラーッといろんなお菓子が並んでて、『こんなにあるならちょっとくらい、いいじゃない』って気持ちは今も変わってなくて……」

盗るけれど買う。万引きを続けるなかで、彼女なりに導き出した技術と方法だ。手にした商品は店の死角でマイバッグへ詰める一方で、必ず半分程度を購入するのが〝カギ〟だという。小さめの品、少し値の張る物はカバンに入れて、かつおぶしパックや牛乳などの、かさばる割にはあまり高価でないものを買い物カゴに入れたままにしてレジへ進む。店を出るまではヒヤヒヤして心がザワつくが、1000円の会計でも実際にはその2～5倍の対価商品を持ち帰れることに一種の喜びを感じると話す。

しかし、1年半ほどして、ついに店員に呼び止められた。

「咄嗟《とっさ》に『初めてやった』とウソをついたわ。警察にも通報されて、情けなくて恥ずかしくて泣くしかなかった」

警察官から「初めてにしては豪快にやったね」と言われても、終始泣きじゃくってその場を凌《しの》いだという。

夫には知らせず、身柄引き受けに来た息子は激怒。

「『いい年して何やってるんだッ!!』と、しばらくは口も利いてくれなかったのよ」

「二度としない」と息子に誓って、翌週の買い物では商品すべての代金をレジで支払ったが、金銭感覚はすでにマヒしていた。

「いつもの量なのに、ちゃんと会計したら結構な金額になってビックリ！　どうりでしばらくの間、へそくりがいっぱい貯まったはずよね。店を出るときにドキドキしない気楽さはあるけど、何だか気の抜けた感じ」

再三味わった刺激と染みついた衝動は、絶え間なく襲ってくるという。

「今ならバッグに入れてもわからないのに……と、チャンスを逃すのがもったいなく思えて。お金払わなくてもいいのになぁ、って」

「あれからはやってない」と首を振るが、話の最中、最後まで筆者の目を直視することはなかった。

年寄りだから許してもらえる

「万引き」という聞き慣れた言葉の響きから軽々しく受け止められる感もあるが、れっきとした「窃盗」犯罪だ。もし、捕まる際に抵抗して店員などに怪我を負わせたりすれば「事後強盗」となって、より重い罪に問われる。

では、捕まるとどうなるか。

まず、店舗事務所へ移動して住所、氏名、生年月日、連絡先などの本人確認とともに、盗った商品とその点数、被害額を確認する。この時点で本人に反省が見られた場合に限り、かつては保安員や店舗責任者からの説諭だけで解放されることもあったが、近年では盗品数や金額の大小にかかわらず、即座に警察への通報を徹底している店舗がほとんどだ。

警察による前科の照会がなされた後は所轄署へ連行、あるいは状況によりその場で逮捕。実況見分が行われ、被害届が出されれば窃盗事件として立件されることになり、10年以下の懲役、または50万円以下の罰金が科せられる。

動機については、前記の経済事情と合わせて「孤独」「寂しかったから」などの理由も同様に多く報じられるが、すべてを鵜呑《うの》みにはできない。皆にわかりやすく、理解されやすい内容を口にしただけの場合もあるからだ。

「『年寄りだから許してもらえる』と思い込んでいる、あるいは目こぼしを期待する高齢の万引き犯はあとを絶ちません。彼らは『これを言ったら勘弁してもらえるだろう』と、最も許される可能性の高い理由を並べるため、『お金がない』『寂しかった』は定番の決まり文句です。過去には1000万円を超す預貯金があり

ながら、『生活の不安』を動機に挙げた90代女性もいました」（警察関係者）

刑務を終えて1年4カ月ぶりに出所した、大阪在住の80歳男性と会った。

28年前に妻子と離別。63歳を過ぎてからは持病のため定職に就けず、生活保護を受けて暮らすうちに、70歳頃から万引きをし始める。8回目の捕捉で懲役6カ月の判決を受け、執行猶予3年の期間内での再犯で服役となった。

「『まぁ、いいやろ』という感覚やな」と、最初に万引きしたきっかけについて回顧する。

「ライター1個握って店を出たら、『何や、金払わんと盗れるんや！』と。石鹸《せっけん》やおにぎりなんて小さい物は、本当に簡単に服の中へ隠せる。それまでちまちまとやりくりしてたのが途端にアホらしくなって、上手に隠せば問題ないんや、と」

初めて捕まったときには「すんません、申し訳ない」とひたすらに謝り、土下座までして警察沙汰を免れた。

以降は、捕捉されるたびに、「生活はラクじゃないから『苦しい』と言う。わびしい身の上話に『一人が寂しくてホンマつらかった』とも付け加える。それで皆が納得や」。

裁判では弁護士が作成した問答集で対応し、刑務所の中でも不思議なほど罪の意識はなかった。それどころか、なぜ見つかったのかを自問自答していたという。「年寄りいじめて何が楽しいねん、というのが今でもある。もうやったらアカンと思うけど、老い先も短いし、元気に生きられるのもあと数年かと思うと、取り立てて我慢することもないいんちゃうかな、と」

塀の中の暮らしは「窮屈でかなわん」と顔を顰《しか》めるが、「刑務所暮らしに懲りて、二度とやらんとは思わんね。まぁ、見つからなければの話やけどな」とそっけなく呟《つぶや》く。

去り際に、「最期くらいは娑婆《しゃば》で、お天道様に胸を張って迎えてくださいよ」と声をかけると、フンと鼻を鳴らして冷笑され、「アンタも80になればわかるよ」と返された。

捨て身の言動と巧みな演技で逃げ切る

自らも保安員として4000人以上を捕捉してきた万引き対策コンサルタントの伊東ゆう氏は、「泥棒はウソつきです。どんな常習者でも大抵は『初めて』と言い、名前や生年月日までウソをつく」と、前置きして続ける。

「高齢者は常習者が非常に多い。周囲もそういう目で見たくない、見ないことで、スルーされるうちに味をしめて繰り返す。捕まっても『払うつもりだった』『わからなくなった』などと言って、同情を得る言い訳を駆使する、お涙頂戴の身の上話に転じる、突然に病気のふりをするなどはお約束です。人生経験が豊富なせいか、ウソをつく内容や程度も老人のほうが濃い。余命も限られているため、『バレなければいい』の意識が根底にあるのです」

事実、捕捉されるや「すみません」の号泣一点張りで、憐《あわ》れな老人に一変して許しを乞う姿や、切々と不幸な境遇を語り出す者、のらりくらりとボケたふりを決め込む高齢者の姿は現場で何度も目にした。質《ただ》すと「覚えていない」「頭が真っ白になった」「間違えた」等が常套句《じょうとうく》として繰り出される。なかには、「認知症だから仕方ない」と堂々と言い放つ高齢男女もいた。

同氏が彼らの傾向を列挙する。

「男性は生活困窮者が多く、盗品はもっぱら惣菜《そうざい》や酒類です。捕まると怒鳴ったり暴れたりする輩《やから》もいますが、早々に罪を認めて謝る率は高い。一方で女性には常習者が大変多く、30点を盗って平然としている強者《つわもの》もいます。警察官の前でも否認を続けるなどきわめて往生際が悪く、8割方が泣いて同情を誘う。捕捉後に『何ですか！』『どれですか！』とふてぶてしい態度で開き直ったり、認知症や耳が聞こえないふりをする演技派も女性に多いですね。さらには犯行前後、周囲へのカモフラージュと自分の気持ちを落ち着かせるために、わざと店員に話しかけたり、店内にいる子どもへ愛想を振りまくなど、〝善良な客〟ぶる老女も少なくありません」

彼らの捨て身の言動や巧みな演技に翻弄されて、若年の店舗責任者などは「本当に認知症ではないか」「下手に詰問すると〝老人虐待〟のようでバツが悪い」と、対応に苦慮する向きも見受けられる。相手が高齢者ゆえに、他の世代にはない対処の難しさが加わるのだ。

『目撃！認知症の現場』（一ツ橋書店刊）の著者で、高齢者医療に従事する「あしかりクリニック」院長・芦刈伊世子氏が明言する。

「悪事を働いた認識があったり、『わからない』など過去の自分の行動を客観視できたりしている時点で基本的には認知症ではありません。認知症患者に『自分は認知症だ』という自覚はなく、悪いことへの意識もなければ、捕捉されても意味がわからずにキョトンとしている。本物の認知症患者の収集癖による万引きの場合は、挙動も言動も『何かが違う』と、誰の目にも明らかなことがほとんどです」

ただし、少数だが例外もある。全認知症患者の6割方を占める「アルツハイマー型認知症」ではなく「前頭側頭型認知症」のケースだ。前者が様々な記憶や感覚を失っていくのに対し、後者は前頭葉機能が大きく低下することから、情動や衝動の制御が困難になる病症を持つ。すなわち、欲望の抑えが利かなくなって、店に食べたい物、欲しい物があったらためらわずに手を出してしまうのだ。

厄介なのは、現代の医療技術では早期発見がきわめて難しく、ある程度病状が進んでからでないと特定に至れない点だ。初期段階では知的機能があまり落ちないため、通常の記憶力を問う認知症テストでは正常の範疇《はんちゅう》を示すこともあり、周囲も病に気づきにくい。

さらには病気の進行が非常に遅いため、かなり病症が進んで診断結果が出た後になって「あれは初期症状だった」と過去の年月を振り返れても、それまでは〝隠れ認知症〟を患っている実態が自他ともにわからない。

そうした背景も含めて、高齢犯罪者は初犯率が高いのも特徴のひとつだ。つまり、65歳までは地道に過ごし、社会ルールに則って生きていたのが、老齢となってから初めて法を犯し、自らで晩節を汚す行為に及ぶもので、家族の驚きと動揺は計り知れない。

警察から呼び出しの電話を受けたときの胸中を、千葉に住む中学校教師の女性（50歳）が顔を強張《こわば》らせて話す。

「まずは耳を疑いました。隣町に住む80歳の義母も以前は教師で、素面《しらふ》で万引きなんてするはずがない、と。何かの間違いか、そうでなければいよいよボケが始まったんだと思いました」

饅頭《まんじゅう》やお茶、餅など合計6点、被害総額1248円の「窃盗」犯罪。財布には1万円札が2枚入っており、他に小銭入れも持っていた。

「問い詰めても『間違えちゃった』『うっかりしてた』を繰り返すばかり。結局、商品を買い取って皆さんに謝り、病院へ連れて行く約束をしてその場を収めましたが……」

精密検査の結果でも異常は見つからず、困惑はさらに深まった。

「夫の実家へは月に一度は顔を出し、義父母とも元気で安心していました。本当に間違えただけだったのか、この話は家族のタブーになっています」

ギャンブルや酒のように「依存性」が高い

「万引きは非常に成功率の高いギャンブルなのです。嗜癖《しへき》性が高く、成功体験を繰り返して常習化すると病的な習慣となり、適切な治療を施さない限り回復は困難です」と指摘するのは、日本で唯一、窃盗癖（クレプトマニア）の治療専門機関である、「赤城高原ホスピタル」院長の竹村道夫氏だ。

「行為に及ぶ際の緊張感やスリル、ちょっとしたお得感、成功後の解放感や達成感などの感覚は〝病的賭博〟に近い。窃盗癖は買い物、ギャンブル、セックス依存症と並ぶ行動の嗜癖で、早い段階では刑罰も有効ですが、病勢が進めばアルコール依存症と同じく、自力で断ち切るのはどんどん困難になっていきます」

罪悪感や刑罰に抑止効果が望め、また、周囲も本人も自制心のみで「いつでもやめられる」という認識がそもそもの誤りだと説く。

「犯行時の詳細を『覚えていない』と言うのは、ほとんどの場合で『思い出したくない』と同義です。人は悪事を重ねるほど罪悪感を持たなくて済むように、自分の行動を正当化して心を麻痺させていきます。嗜癖は進行性で、そのうちに後悔はしても反省はなくなる。そうして病んでいった人に、常識と正論を振りかざして怒るだけでは何の効果も改善も期待できません。まずは人間性を取り戻させ、正常な心を引き出すことが先決なのです。家庭や友人関係が壊れて惨めになった人が、ますますアルコール依存症になるのと同じで、刑罰のみで押さえつけても再犯抑止には繋がらず、『強い意志を持って』は無意味になります」

ただし、取り締まり関係者のなかには、「万引き事犯者が『病気』といって済まされるなら、被害に遭った店舗や店主が浮かばれない。ただの体《てい》のいい言い逃れだ」と憤る声も聞かれる。

一連の取材を始める前は、筆者もこうした言い分、気持ちを否定できずにいた。だが、実際に〝常習〟の万引き犯と何人も接するうちに、段々と認識が変わっていった。

同ホスピタルでは、治療を続ける年配の女性入院患者数人と対面して個別に話をする時間を与えてもらったが、そのなかでも、

「お金を払うと『負けた』っていう気持ちにしかならないのよ。朝起きるとね、真っ先に『(お店へ)盗りに行かなくちゃ』って思うの。でも、大雨で出かけられなかったりすると、ものすごく腹立だしくなって、とっても損した気分になって、その日はストレスで一日中イライラしっぱなしになる。だから、次に外出したときは反動で勢いづくの。盗れる物は何でも片っ端から手当たり次第にカゴやバッグに詰め込んで、すごい量を盗ってきちゃうのよ」

と、目を爛々《らんらん》と輝かせて語ってくれた初老女性の発言が強烈に印象に残っている。

院内では「盗る物がない」ように管理が徹底されているのだが、それでも食堂にある醤油のミニパックや手洗い場の紙タオル、外来患者用の紙マスクを「1個でも1枚でも、とにかく盗らずにはいられない」と、隙あらば行為に及ぶ患者が絶えない実情から察するに、一度毒されてしまった者に染み込んだ衝動の凄まじさ、制御の難しさは推して知るべしなのだ、と痛切に感じた。

余談になるが、盗撮犯も行為に及ぶ際には脳内で大量のドーパミンが放出され、何度か繰り返して成功体験が続くと、スリルや高揚感、達成感といった快感の虜《とりこ》になり、「やめられない」「止まらない」常習者への道を辿《たど》るのだと別の医師から聞いた。

なお、女性に万引き常習者が多い背景には、「ストレスを発散させるのに、男性は暴力やギャンブル、女性は買い物や万引きに走る傾向があるから」（前出・竹村氏）という。

「生活苦」から「刺激を求めて」の万引きまで

他方で、本当に生活に困窮して万引きに及ぶ高齢者もいる。

捕捉された万引き犯のなかには、「食費をこれ以上削るのが難しくて」「食べ物（飲み物）が欲しかった」「お金がなくて払えなかった」と打ち明ける、高齢のホームレスや生活保護受給者、低所得の年金生活者も散見された。

「今の生活ではカニなんてとても食べられないから」と、カニ寿司やカニ味噌をこっそりと万引きした、貧相な身なりの76歳男性もいた。

ホームレス取材（第5章）の最中に出会った、都内で路上生活を続ける高齢男性たちが、〝食うに困って〟万引きに走る生活困窮者の実態を笑いながら話してくれた。

「そりゃ、この生活続けてたら、誰しも一度や二度は（万引きを）やったことがあると思うよ。でもね、常習で万引きするのはホームレスのなかでも生きる力の弱い奴。身体を悪くして稼げなかったり、炊き出しの情報を知らなかったりして自力で食えないから、悪いこととは知りつつも、背に腹は代えられずに店の物を失敬しちゃう。見る人が見れば俺らの素性は一目でわかるから、店の中ではすぐにマークされちゃって他の万引き犯より断然捕まる率が高い。だから、自力で生きられるホームレスは危険がデカ過ぎてやらないんだよ。だって、そのたびに捕まってたら割に合わないじゃないか。

あとは面の皮の厚い悪い奴か、ただの怠け者だね。あいつらはコンビニやスーパーでグルになってしたたかに盗む。連中はジャンパーの左右のポケットや、上着とズボンのポケットを繋げるなどの小細工を欠かさない。そうして数人で店へ入り、一人がいかにも万引きするような素振りをして店員を引きつけ、囮《おとり》となっている間に他の仲間が欲しい物を盗るのさ」

都庁近くの西新宿にあったコンビニの一軒は、「奴らの被害が多過ぎて店を畳んだ、と伝説になっているよ」とも教えてくれた。

高齢の生活保護受給者が万引き犯として捕捉される事実についても、

「アパート住まいなら、普通に暮らせるだけの金を国から十分にもらってるだろ！　奴らは自分に甘いんだよ。金の入った日から1週間で全部使い切っちゃったり、パチンコでスッて食い物が買えなくなったとか、もっと酒を飲みたいとかで盗るんだ。生保受けてる奴でも施設や宿泊所暮らしだと金を吸い取られてて、自由になる手持ちの金は少ししか残らない。しかも、出されるメシがまずいもんだから、もっとうまいものが食いたいとか、酒が買えないからと万引きするんだ。捕まっても『生活苦』とか『節約』と言い逃れして、貧血や空腹で倒れるふりをしてみたり、とにかく同情してもらおうと必死に哀れっぽく振る舞う。まぁ、どっちにしても『捕まっても仕方ない』と人生を諦めてる奴だけが、捕まる覚悟で万引きするのさ」

茨城に住む86歳女性は、万引きを「唯一の憂さ晴らし」と言って憚《はばか》らない。

「初めてやったのは……5年くらい前かな、思い出せないわ」

夫はすでに他界し、一軒家に年金で一人暮らし。裕福な生活ではないが貧しくもない。他県に住む2人の子どもとその家族とは「6年前に会ったきり。孫も今はどこでどうしているかよく知らない」と話す。

「毎日別にやることもないし、楽しいこともない。大きなショッピングモールへ行くのだけが気晴らしね」

　ぶらぶらとモール内を歩きながら、一品300円程度の食品や雑貨を「買い物ついでに」、数点を未精算のまま「少しもらってくる」のだという。

「モノが少ない時代に生まれ育ったでしょ。だから、物が増えると嬉しいし、タダだと助かるし……」

　安価な商品しか狙わないのは、彼女なりの罪悪感を和らげる意味合いの他、捕まったときの対応策にも通じているようで、「あんまり高い物だと気が引けるし、そんなに欲しいと思う高い物もないしね。それに、大した金額じゃなきゃ、見つかってもそれほど怒られないでしょ」と嘯《うそぶ》く。

　過去に2度、別のショッピングセンターで捕捉されたが、持病を考慮され、いずれも商品買い取りのうえ、説諭のみで帰された。以降その店舗は避け、今行くモールではいまだ見つかっていない。

「広い店だと何でもあって、いくつかもらっても大丈夫と思って。たくさん詰めなきゃいいのよ。本当はいけないことだろうけど……」

　23歳で長男家に嫁いでからは、一族に尽くし、亭主関白な夫と出戻りの義姉、子どもたちの世話に明け暮れた。新婚当初から義父母との同居生活に神経をすり減らし、亡き夫の晩年の介護も立派に務め、「気づいたら一人」。長く姑に財布を握られて、自分の小間物さえ満足に買えなかった昔の鬱憤《うっぷん》と重圧を晴らすかのように、〝遅れてきた反抗期〟の自由を味わっている。もちろん、子や孫に知れたらどうなるかわからなくはない。が、多少の緊張感を持つことで「ボケずに済んでいるのかも」と、退屈な毎日の刺激として、すっかり生活のアクセントと化している様相だ。

しかし、改めない限りは先々、刑罰を受ける可能性もある。

「捕まったときにも言ったんだけど……私なんか、いっそ死んじゃったほうがいいんだよね」

年齢が上がるほど再犯率が高まる窃盗犯罪

「万引き」は特別な道具や準備もいらず、身近な場所でいつでも行える犯罪だ。必要なのは一市民として遵守すべき〝モラル〟を捨て去ることだけ。その境界線を乗り越える意志と行動力さえあれば、誰でも簡単に犯行に及べる。

とくに、外出して買い物することが日常生活に組み込まれている女性にとっては、万引きする機会に事欠かない。

店に入れば、あらゆる商品が工夫を凝らしてディスプレイされており、数え切れない量の物品が所狭しとばかり、どれも魅力的に陳列されている。

近年ではコスト削減などの理由で従業員は最低限の人数しか店内に配されず、防犯カメラは作動していても死角は至る所で見つけられる。

こうした誘発環境が整っているせいか、万引きは再犯性がきわめて高い。ここ数年の『犯罪白書』を見ても、窃盗事犯者の再犯手口は「万引き」が群を抜くトップで、再犯期間も過半数が1年半以内と、覚せい剤事犯者と比較しても短くなっている。

そして、窃盗においては年齢が上がるほど再犯率が高まるのだ。

「老いぼれは留置も服役もさせづらいしね。盗むのに慣れて、いい思いをした年寄りがマトモに戻るには、何かよっぽどの理由や目的がなくちゃ無理だよ。万引きするよりもっとずっといいことがなきゃ、残りの人生、やめるより続けたほうが旨味があるんだもの」と、先のホームレスたちが口にした言葉が耳に残る。

前出の伊東氏が付言する。

「節約、物欲、遊び心……どれも動機の一つでしょう。万引きする本当の理由なんてわからないと思います。強いて言えば、悪さは楽しいものだということかもしれない」

年々行動範囲が狭まり、「外出は買い物と病院だけ」といった日々の刺激に乏しい高齢者にとって、「万引き」は最も手近でリスクの少ない、容易に高揚感を味わえる行為にもなり得る。悪事であればこそ、平穏な日常においてそのスリルや興奮は強烈な刺激をもたらし、〝病みつき〟となる魔力に取りつかれていく危険性をも孕《はら》む。

なかでも女性は、従順が美徳とされて自由が乏しく、立場が弱い時代を品行方正に生きた人ほど、〝最後の反乱〟とばかりに一時の解放感に陶酔して暴走する向きも少なくない。これまでの人生で味わったことのない背徳の高揚感に魅せられ、〝遅咲きの狂い咲き〟にも等しく、自らを見失って、知らず深みにハマってしまうのだ。

満たされない心を万引きのスリルで埋める

多くの万引き事件を担当してきた、「あかり総合法律事務所」松井創弁護士が言及する。

「万引き事犯者で心を開いてくれる高齢者はごく少数です。〝物が欲しい〟欲求は真実でも、法を犯してまで乗り越える理由はそれぞれ違う。ただ、彼らに共通している思いは、自身に対する絶望感と、社会ルールを守ることへの無意味さです。『すべてを失うのになぜ？』と言えるのは恵まれた人の見解で、生き続けるほど大切なものが増える人もいる一方で、守るべきものを失うばかりの人も少なくないのです。家族も離れていき、病気や死別などで友人もいなくなり、財産も乏しくなる……老いる意味が絶望の連続となっている人にとってはすでに、自分の命さえも大事ではなくなる。こうした人たちにおいては、加齢が犯罪を抑止する壁にはならないのです」

捕捉後に自殺を図る高齢者も珍しくはない。

「線香や饅頭等、墓参り用品一式を万引きして捕まった70代後半の男性は、店舗事務所内で聞き取りの最中に、一瞬の隙を突いて服毒自殺しました。先立った妻

の墓前で死ぬつもりだったらしく、のちに遺書も見つかりました」（前出・伊東氏）

「生きている実感がない」「生き甲斐《がい》はない」「生きる意味がわからない」……筆者が話を聞いた高齢者の万引き犯は皆、異口同音に唱え、そして一様に瞳の奥が濁っていた。

満たされない気持ち、心の隙間を〝悪事で手に入れたモノ〟で埋める歪《ゆが》んだカタルシス。

高齢者の万引き増加は、超高齢社会の現象として顕著に表出した問題の一つに過ぎない。

巧妙過ぎる‼
高齢者による「窃盗・詐欺」の最新手口

Column

近年、高齢者による犯罪が激増していることはすでに述べたが、筆頭株の「万引き」以外でも高齢者ならではの巧妙な手口と度胸には舌を巻くばかりだ。

力なく、胸を押さえながら路上にへたり込む老婦人。

「持病なんです。少し休めば大丈夫。薬を飲みたいので、どこか座って休める場所で、お水を1杯もらえないでしょうか？」

自宅前でこんな光景に出くわしたら、知らん振りして立ち去る日本人など皆無に等しいだろう。

現役警察官らが、ため息混じりに漏らす。

「そこが狙いなんですよ。『老人はか弱くて、親切にすべき』とした市民の善意を逆手に取って、悪事を働く高齢者があとを絶たないのです」

身なりもキチンとした老婦人を疑わしく思うはずもなく、体調を気遣って玄関先へ招き入れる。水を差し出し、落ち着くまで休むように促した後、言われるがままトイレへ案内して……。

「そのうち、家主が目を離したわずかな時間に、財布や金目のものを持ち出して逃げる。近年の高齢者による窃盗犯罪手口の一つです」(同前)

前述のとおり、2020年公表の法務省『犯罪白書』によれば、65歳以上の刑法犯検挙者数は2005年より連続して4万人超となっている。全体の検挙者総数および、他の年齢層の多くが減少傾向にあるなかで、高齢者が占める割合のみ右肩上がりを続けており、2016年以降は20%を突破。つまり、刑法犯検挙者の5人に1人以上が65歳以上の老人ということだ。
犯罪の内容は「窃盗」が全体の70%を占めるが、これは「万引き」

（52・4％）と「万引き以外の窃盗」（17・6％）の合算で、警察関係者の話によれば、「体力的な事因もあり、組織だった集団での犯行より、単身での物盗りが圧倒的です」という。

しかもこの数は実際に検挙された人数であり、「健康状態や身柄引き受けの問題から、とくに後期高齢者では留置に至らない実情もある。さらに、被害額も少なく被疑者が高齢のため、被害を受けた側が被害届の提出を見送る事例も多い」（同前）ことから、裾野となる暗数は未知数ととらえざるを得ない。

高齢者が高齢者を食い物にする窃盗犯罪もその一つで、都内で民生委員を務める男性が渋面して言う。

「本人すら被害に気づきにくいのが、ご焼香を装ったコソ泥です」

手口はこうだ。

高齢の事犯者が伴侶を亡くした高齢者宅へ出向き、「亡くなったご主人（奥様）にお世話になった者です。近くまで来たので、ご焼香に立ち寄らせていただきました」と玄関先で深々と頭を下げる。

故人と生前どんな関係性にあったかを確かめるべくもなく、来訪を労《ねぎら》い、室内に招き入れて仏前へと案内する。焼香を終えて世間話を交わしつつ、お茶の用意やトイレなどで家主が席を外した合間に、何らかの金品をくすねて、うやうやしく立ち去るのだ。

「なかには、『途中で財布をなくして帰りの交通費がない』『香典を渡したいが生活苦で食べるのにも苦労している』などと言って、現金をねだる輩もいます。そうした場合でも、自分と大して年の違わない高齢者であり、わざわざ訪ねてくれた労に感謝して、快く過度な金額を差し出してしまうのです」(同前)

「年寄りは弱者で善人」という思い込み

他にも、自分より年配の相手や、身体が不自由な高齢者の荷物を「持ってあげる」と優しげに近づき、自宅まで運んで言葉巧みに上がり込み、目ぼしい金品を持ち去る〝親切犯〟も「高齢者にこそ多い」(警察関係者)という。

いずれも「年寄りは弱者で善人」の思い込みから、容易に気を許すのが仇《あだ》となる。

3人の乳幼児を連れた母親（33歳・東京）も思わぬ被害に遭った。

「混み合う駅の階段で、優しそうなおばあちゃんがベビーカーを運ぶのを手伝ってくれたんです。『親切な人がいて助かった』と感謝したのもつかの間、ベビーバッグに入れていたお財布が抜き取られていました」

当初は自分でなくしたと思い込み、方々を探し回ったという。日も暮れて、いよいよ警察へ届け出た頃にはすでに老女の人相もおぼろげだった。

「交番で類似の被害が出ていると聞き、『ああっ!』と思ったんです。お年寄りはどの人も似た感じがするから服装すらろくに覚えていない。怪しげな男性ならともかく、おばあちゃんに警戒心を持つママなんていないですよ」（同前）

傷害や殺人など重大事件こそメディアをにぎわすものの、被害も規模も些少《さしょう》な高齢者による〝小さな犯罪〟は表沙汰にもなりにくく、身の回りの至る所で多発しているのだ。

老人が老人を騙す

「老人が老人を騙す」詐欺行為も枚挙に暇《いとま》がない。

同世代ならではの相通じる呼吸で、警戒心を抱かせる間もなく、短時間で相手の心のツボを押さえてしまう。目くらましでもいったん信じさせることさえできれば、財布の紐《ひも》が緩むのを熟知したうえでの巧妙なトラップが際立つ。

2014年に筆者宅の近所で起きた老々詐欺もその一つだった。

被害に遭ったのは自宅敷地内でアパート経営をしながら、庭付きの一軒家で一人暮らしをする80代の未亡人。女性は初期の認知症を患っており、近々息子が同居する予定になっていた矢先のことだった。

ある朝、女性が目覚めると、庭で何やら物音がしている。

見れば、剪定《せんてい》バサミを手にした職人風作業着姿の初老男性が、何本かの庭木の枝を次々と切り落としていた。

男は初めて見る顔と風貌で、いつも頼んでいる植木屋の職人ではない。はて、どこかの業者に今日、剪定作業を頼んでいたかしら。それとも、息子が頼んでくれていたのを、私がうっかり忘れていたのかしら……と、女性が逡巡《しゅんじゅん》していると、彼女に気づいた男はすぐさま近づいてきて、居丈高にこう言い放った。

「近くを通りかかったら、この庭の植木があまりにひどい状態で驚いた。ダメじゃないか、ここまで手入れを怠っては。このまま放っておいたら木が枯れてしまう。一刻の猶予もならない。今朝は仕事に向かう途中でたまたま時間があったので、見兼ねて、今回は特別に剪定をしてあげることにした。忙しいなかを、あなたのためにやったのだ。安くていい。費用は30万円です」

男性のいかにも恩着せがましい口ぶりや、〝その道のプロ〟と信じ込ませるような熟達者ぶった出で立ちと言い回し、有無を言わせぬ独特の迫力に、ただでさえ温和で人のよいこの老婦人は瞬時に気圧《けお》されてしまった。

この男が軽薄極まりない風体のヤンキー兄ちゃんだったら、わずかなりとも猜疑心《さいぎしん》を抱いたかもしれない。ところが、自分より年若とはいえ、相応に老長けた年配男性ならではの威厳と醸し出される貫禄、もっともらしい説得力の前には疑う余地も、抗う術《すべ》もなかった。

病気による判断力の低下も伴って、彼女は自分と、自分の家の庭木を助ける親切心からの労働と思い込み、言われるままにお金を差し出してしまったのだ。

しかも、「お手数をおかけしました。どうもありがとうございました」と腰を折り、深く頭を下げた謝辞とともに、だ。

老婦人をまんまと口車に乗せた要因のひとつには、高齢者詐欺において絶大な効果を発揮する「今回は特別」「あなたのため」のキラーワードが含まれていたことも看過できないだろう。

現金を受け取るや否や、切り落とした枝や葉を庭に散らかしたまま、男は領収書を渡すこともなくさっさとその場を立ち去った。

のちに長男が戻って発覚したが、当然、剪定はデタラメで、いつもの植木職人が後日改めて庭木の体裁を整え直したという。

ちなみに、高齢者が一度こうした詐欺被害に遭ってしまうと、被害者宅の情報（住所、電話番号、氏名、対象者の年齢と健康状態、暮らしぶり、家族構成、同居人の有無と詳細、推定資産、すぐに用意できる金額）

は即座に裏ルートに流れてしまうため、後から様々な詐欺電話が相次ぎ、怪しいセールスマンや訪問者の〝奇襲〟を招くことになる。

高齢男性の自尊心を手玉に取る

詐欺被害では一般に、女性のほうが遭いやすいイメージがあるが、「オレオレ詐欺」「母さん助けて詐欺」に代表される各種の「振り込め詐欺」では、「実は高齢の男性被害者こそ結構多いのです」と現役警察官らが声を潜めて言う。

「100万や200万円程度なら痛くもかゆくもない富裕層の高齢男性にとっては、『騙された』事実を警察に届け出たり、隣近所など他の誰かに知られたりすることのほうが屈辱でバツが悪いのです。とくに、その地域で代々続く医者一族や議員、教育関係者の一家においては、いくら『被害届を出しましょう』と説得しても、『恥の上塗りになる』と絶対に応じません。周りから常日頃、敬われる立場の知識層・権力者であるがゆえ沽券《こけん》にかかわる問題となって、子や孫はもとより、場合によっては配偶者にすら隠し通します。

本人にとっても苦い思い出となり、早く忘れたいため、時間が経っても蒸し返すことなく、馴染《なじ》みの警察官へこっそり相談したり打ち明けたりする以外では、被害の実態は決して表に出てきません。詐欺グループの主犯筋もこうした内情を熟知しており、彼らが内々で済ませられる金額内での犯行に及ぶため、記録に残らない、統計に上がってこない被害の裾野は大きいのです」


高齢男性ならではの自尊心を手玉に取る、見栄や虚栄心につけ込む犯罪は、騙す側が相手の世代に近いほど信用されやすいといい、「骨董品《こっとうひん》詐欺などは典型ですよ」と、ある電話相談室の相談員が教えてくれた。

目利きのふりをした詐欺師のジイさんが、人のいい小金持ちのおじいさんに「訳アリの天下の名品」と嘯いて高額取り引きを持ちかける。

「日中暇で、行き場のない高齢男性の社交場と化している健康ランドなどはカモ探しにうってつけ。文字通り〝裸の付き合い〟で気を許した頃《ご》合いを見て、おもむろにうまい話を持ち出すんです。もっともらしい御託《たく》を並べて、『あなたになら譲ってあげてもいい』『今回は特別。こんな話は二度とない』など、さも自分だけが認められ、選ばれた特別な相手のように思わせて、おだてていい気にさせる。骨董に興味のない相手や、手持ちの金が乏しい相手だと、グッと価格を下げた健康食品にすり替えたりするようです」

いずれもターゲットが用意するのに無理のない範囲で、のちに被害届を出すには忍びない、泣き寝入りで済ませられるギリギリの金額設定がミソなのだという。

「一通りの取り引きが済むとパタリと姿を消す。どうも何かがおかしい、もしかして……と訝《いぶか》しむ頃には後の祭りです。とはいえ、家長の面目もある、プライドの高いおじいさん連中は自ら好んで恥を晒《さら》さないですからね。家族にも内緒にして、秘密を貫く。消費者センターや各種相談室に電話してくる人など氷山の一角でしょう。あるいは、騙されたこと自体に気づかない、気づいていない人のほうが多いのではないかと思います」

高齢男性特有の気質を利用して巧みに心情に取り入り、懐からカネを引き出すのは、第4章で触れる〝恋活詐欺〟も同じ。「自分だけは大丈夫」の慢心が思わぬ落とし穴に嵌《はま》るのだ。

「老人を見たら泥棒と思え」と囁《ささや》かれる日も近いのか——。

第2章 ストーカー

「人生でやり残したことは恋愛」と、無自覚のままシニアストーカーに転じる高齢者が増加している。暴走する“老いらくの恋”の顛末とは——

のか。

「生涯現役」

この言葉を性的観点からとらえたとき、高齢者にとってどんな意味合いを持つのか。

様々な男女トラブルに携わってきた「アヴァンセリーガルグループ」弁護士・井上真理氏が明言する。

「昨今の60代は〝現役〟どころか、心身ともに〝若者〟の感覚です。70〜80代の不倫トラブルも増えており、『高齢者は色恋沙汰とは無縁』といった認識は現代では通用しません」

2020年に厚生労働省が発表した日本人の平均寿命は男性81・41歳、女性87・45歳。余命が延び、元気な高齢者が増えるに従って、高齢者による性にまつわる犯罪での認知、検挙件数も増えた。

警察庁の統計によれば、65歳以上の「わいせつ」での検挙者数は、至近10年で275人（2009年）から546人（2019年）へとほぼ倍増し、うち「強制わいせつ」では70歳以上が69人から214人へ3倍超となっている。「ストーカー」においても60歳以上の行為者の増加は顕著で、同庁で最も古い公

◉年齢別ストーカー行為者数の推移

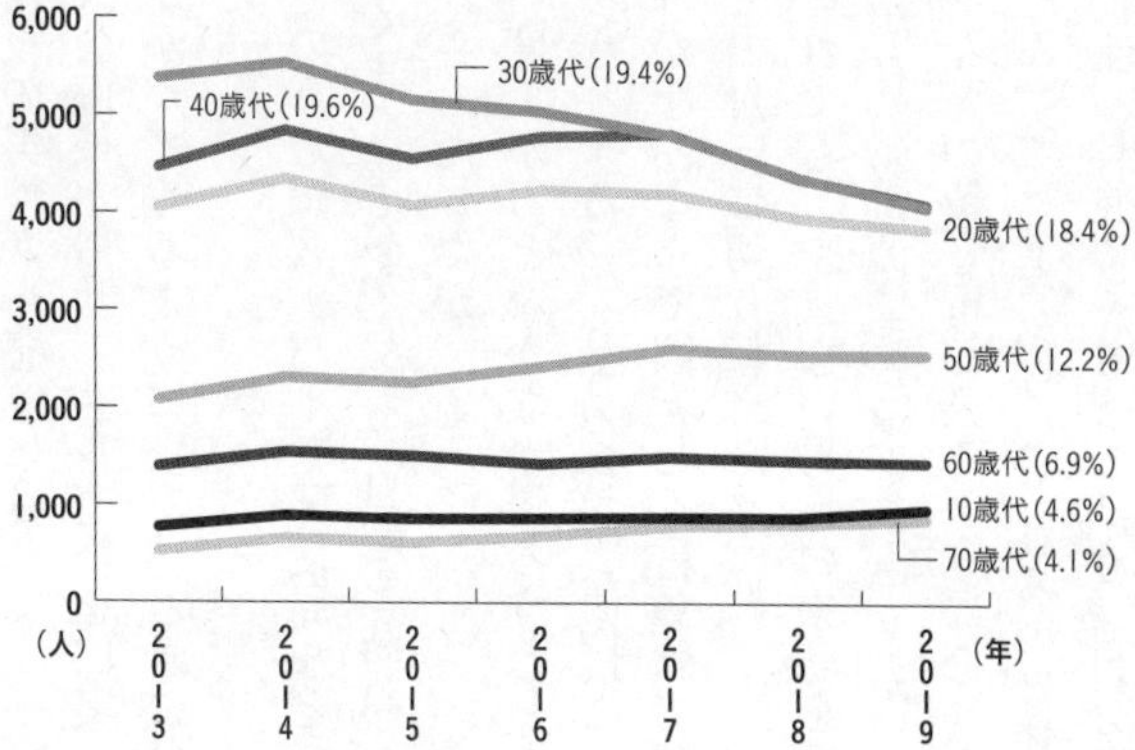

注1：警察庁ホームページより。年齢不詳は除く
注2：(　)内は2019年における比率

表値となる2003年の認知件数は473件だったが、16年後の2019年では2305件と約5倍近くにまで急伸。そのうち70歳以上が占める割合も、全体の1%から4・1%へ増加の一途を辿っており、データ上では行為者の少なくとも10人に1人が60歳以上の割合となる。

千葉に住む樋口絹江さん（仮名／69歳）も、80歳男性から約1年半に及ぶ執拗なストーカー行為に怯《おび》えた被害者の一人だ。

「夫の一周忌を機に、地域の趣味サークルに入ったんです。そこで指南役の男性から懇意にされて……」

入会直後からサークル連絡を口実に、男性から絹江さんの自宅へたびたび電話がかかってくるようになる。ときには朝昼晩、三度とも同じ内容だったこともあった。

そのうちにスーパーや郵便局などで〝バッタリ〟出くわす頻度が増え、男性は「近くまで来たから」と自宅を訪ねるようになった。当初こそ客間へ通していた絹江さんだったが、

「一度上がるとなかなか帰ろうとしないんです。何回もお茶のおかわりをして居座ろうとする。『もう夕食時なので』と追い払おうとしたら、『じゃ、ご馳走になろうかな』なんて図々しく言われてびっくりしました」と、ドアを開けない玄関先での対応に切り替えた。

それでも、やまない男性の来訪を面倒に思って居留守を決め込むようになると、「『明日のお昼にまた来ます』とか、『会いたいので、駅前の喫茶店で待っています』などの留守電が入るようになったんです。何度も『お付き合いする気はありません』『こんなふうにされるのは迷惑です』とはっきり伝えたんですが、『独り者同士、仲良くやりましょう。自分に素直になることです』と、どこ吹く風。ウ

ンザリしてサークルを辞め、電話もかけるとき以外は電話線を抜くようにしました」

するとほぼ毎日のように郵便受けに男性からの手紙が入り出した。

「切手は貼られておらず、通って投函しているのかと思うと気味が悪くて。しかも、手紙には必ず、詠まれた句が書かれているんです」

〈秋の夜　月の光に君想う　ああ君恋し　君愛し〉は、その一例だ。

男性の妻は認知症で特別養護老人ホームにおり、本人は自宅で一人暮らし。相手の身内にも注意できずに悩んでいたのを息子夫婦が知り、警察へ届け出て被害は収まった。

「後から聞いた話では、『自分は想いを伝えたかっただけ。熱心なアピールをストーカーと思い違いされたのは心外だった』と憤慨していたそうです。私からすれば、あっちのほうこそ思い違いなのに！　今でも玄関チャイムや電話が鳴ると嫌な気分になる責任を取ってほしいと思うくらいですよ」

前出の井上氏が補足する。

「ストーカー加害者の約9割は男性です。女性にとってはまさに生命の危機で、勘違いさせる曖昧な態度や優しい言動は文字通り命取りになります。高齢男性側は根が誠実で真面目な人が多く、いったん自分に好意があると思い込んだら、過剰に反応して一途に猛進してしまう。『嫌がっている』と伝えても『そんなはずはない』『好意の裏返しだ』と信じて疑いません。さらに、若い人なら無視やスルーができる内容でもキチンと対応して、より事態を悪化させていきます。とにかく時間があって、人によっては経済的、体力的にも余裕があるため、非常に厄介。居座り行為は格好の暇つぶしにもなるのです。ただし権威に弱い一面があり、警察からの警告や弁護士からの内容証明は効果が高い。近年では第三者窓口も増え、重大な案件に至る前に収束する事例も増えています」

裏を返せば、表沙汰にならない問題行為はあまたにのぼるということだ。

警察関係者が言う。

「女性が何とか自力でやり過ごそうと、逃げる、避ける、無視するなどで対応し、拒絶を示したつもりでいても、相手には伝わらない場合がほとんどです。それどころか、火に油を注ぐ結果を招くこともある」

「自分は婚約者だ」と一方的に名乗る

栃木在住の森川綾子さん（仮名／59歳）は婚活パーティで68歳の男性と知り合った。一度だけ一緒に映画へ出かけて食事をしたが、「話も合わないし、趣味や食べ物の好みも違う」と、男からの交際申し込みを丁重に断わった。

「自宅前までキチンと送ってくれてちゃんとした人だと思ったけど、一緒にいてもつまらないし、恋人や結婚相手としてはとても考えられなかったんです」

しかし、熱烈なアプローチはやまず、連日の電話攻撃に遭う。何度断わっても聞き入れないため、やむを得ず携帯電話にも家の電話にも一切出ずに無視を貫いたところ、ある日の午後、救急車とパトカーが自宅前に乗りつけた。

「『本人と数日連絡が取れないので、中で倒れているか孤立死しているかもしれない』と、男が110番、119番したそうです。しかも、『自分は婚約者だ』と名乗ったそうで、呆《あき》れてものが言えない」

騒動に激怒した綾子さんは男へ電話で怒りを爆発させたが、相手は詫《わ》びるどころか「よくも俺の心を弄《もてあそ》んだな！」と逆ギレし、怒鳴り散らされたという。

20歳のファミレス店員が被害

若年層では、高齢者と接する機会の乏しい人ほど、彼らの生態に疎くなる。携帯電話やパソコンを使いこなす高齢者も多く、たとえ寝たきりになってもネットストーカーになれる現実など想像だにつかない。

「実家に戻った今でも、思い出すだけで吐きそうになる」と、3年前に都内の専門学校を卒業した朝倉美羽さん（仮名／23歳）が、愛らしい笑顔から一転して渋面をつくる。

東京で一人暮らしをしていた学生時代は、近所のファミレスでウェイトレスのアルバイトをしていた。

「朝方は暇なお年寄りの一人客が多いんですが、あの男もそうでした」

小柄でやせ気味、白髪頭の60代後半とおぼしき男性。顔立ちや風貌も、彼女からすれば「どこにでもいる普通のおじいちゃんで、とくに印象に残るものもない。本当に、フツーな感じ」で、身なりや口調も「フツーな感じ」と、当初は嫌悪感を抱くこともなく、もちろん好意を抱くはずもなく、〝その他大勢の客〟のなかに埋もれていた。美羽さんは常連客の一人として、他の客と同じように天気などの簡単な世間話に応じていたという。

そのうちに男性は話すきっかけ欲しさから、コーヒーのおかわりや追加注文などで彼女だけに頻繁に声をかけるようになっていった。

「支払いのときも必ず、私がレジに入るタイミングを見計らって会計するんです。初めはそれも気づけなかった。フロアを動き回る私をジトッと見ている視線や、曜日や時間も私のシフトに合わせて来ていると気づいた頃には手遅れでした」

男性は会計時に、レジ横にあるガムなどを買っては美羽さんへ手渡すようになり、勤務を終えて従業員出入口から出て来る彼女へ偶然を装って現れるようになった。美羽さんが愛用する自転車のカゴには「お疲れさん」と書かれたメモと一緒にお菓子やハンカチが入っていることもあり、帰宅中もどこからか見られているような視線を感じ始める。

「店長に言っても、『プレゼントもらえてラッキーじゃん。ジジイにモテていいなぁ。今度は家でも買ってもらえ』と、取り合ってもらえませんでした」

一度だけ近所の交番へ出向いたが、「遠方にいる孫娘とタブるのでしょう。優しくしてあげたら」と笑っていなされたという。

「とにかく、絶対に1人で帰らないようにして、自転車もカゴを外して別の場所に停めるようにしました。店内で声をかけられても別のスタッフに代わってもらい、シフトも変えて徹底的に避け続けたんです」

ブログを監視し続ける

そうしてしばらくすると男の来店が途絶えた。ホッと胸を撫《な》で下ろした直後に、決定的な出来事が起こる。

卒業を控えた2月の週末、男友達らと居酒屋で盛り上がっている様子をオンタイムでブログにアップしたところ、1時間も経たずに店にいる美羽さんへ生花店から黄色いバラの花束が届けられたのだ。

「差出人の名はなく、ネット注文とのこと。訳もわからないまま深夜に帰宅してブログを開けてみると……」

〈お帰り。花言葉は『嫉妬』ですよ〉との書き込みが。

「ゾーッとして全身が凍りつきました。その後も〈入院して会えないうちに男遊びなんてひどい〉とか〈美羽ちゃんが注いでくれるコーヒーが飲みたい〉など、ものすごい量の書き込みがいきなりエンドレス状態で入ってきたんです。『あの男だ！』と確信してすぐにブログを閉じ、次の日には携帯もメアドも全部変えました」

それまでも好意的なコメントはたびたびあったというが、彼女からすれば〝おじいちゃん〟世代の男性からとは思いつきもしなかった。

「あの男がいろんなハンドルネームで書き込んでいたんですね。ずっと見張られていたと思うと恐ろしくて……」

住まいはオートロックのマンションだったが、以降は友人宅を泊まり歩き、卒業と当時に逃げるようにして地元へ戻った。

好意を持たれたきっかけについて、美羽さんは「わからないけど、もしあるとすれば」と前置きしたうえで、「その男は、コーヒーのおかわりをするときに必ずミルクの追加も頼むんです。最初の頃、ミルクをもう一度運ぶのが面倒で、言われる前にミルクも一緒に持って行ってあげていたのを、『自分だけ特別』と勘違いしたのかも」と振り返る。

ちなみに、美羽さんは小柄でややふくよかな体型にして、バストが大きい。色白の肌もキレイでプルプルとハリがあり、健康的なピンクの頬はマシュマロのように柔らかそうで、大きな目をした愛嬌のある顔立ちは笑うとさらに愛らしさが倍増する。最近の20代女子にしては化粧も薄く、〝癒やし系〟の雰囲気はあってもキツイ感じが一切しない。

彼女がバイト先のファミレス店内で、膝丈ワンピースの制服姿でテキパキと歩き回る姿を想像してみる。

店に入ると「いらっしゃいませー！」と元気な笑顔で出迎えられる。いつもの席に着くと「今日は寒いですね」と声をかけてくれる。「ベーコンはカリカリに焼いてね」などのリクエストにも、嫌な顔ひとつせず「はい」と素直に頷《うなず》く。フロアをくるくると動くたびに揺れる豊満な胸、愛くるしい笑顔、ちょっと鼻にかかった、よく通る声――。

この娘が、コーヒーのおかわりを頼むと自分にだけミルクも一緒に持ってきてくれる。他の客にはしない。自分にだけだ。そういえば、他の客より自分へよく話しかけてくる気がする。笑顔も、自分にだけは営業用でないような……。

美羽さんの仕事熱心な振る舞いを、男がどんどん自分の好ましいように解釈していったとしたら。彼女と接する一時が日常で唯一の光射す、心躍る時間だったとしたら——。

　男の家族構成、生活環境は知る由もないが、もしも孤独な毎日を送っていたのなら、彼にとって彼女の存在はアイドルにも等しい存在になっていったに違いない。よしんば家族がいたとしても、週に4日はファミレスで朝食をとり、一人きりで長時間居続ける初老男性が愛情豊かな生活を送っているとは考えにくい。

　警察へは届け出なかった。

「卒業後すぐに実家へ戻ることになっていたし、面倒は嫌だった。それにもし、逆恨みでもされたら何をされるかわからないし、もうかかわりたくなかった」

　彼女がどれほどの苦痛と恐怖を味わったかは、「(男が読むかもしれないから)実家の場所がわかるようなことは一切書かないでください！　ここの県名を絶対に書かないでください！　必ず約束してください！」と何度も念を押された対応からも窺《うかが》い知れた。

「やり残したことがある。それは恋愛だ」

高齢男性が女性の親切や善意による言動を自分への特別な好意と勘違いし、思い詰めて暴走するケースは突出して多い。

十余年にわたり、500人以上のストーカー加害者と向き合い、1500人以上の被害者を支援してきたNPO法人「ヒューマニティ」理事長・小早川明子氏が打ち明ける。

「人生の終盤を迎え、タイムリミットを自覚した高齢男性が決まって口にするのは『やり残していることがあった。それは恋愛だ』というものです」

たしかに、世代によっては「適齢期になったから身近な相手と結婚した」「親族や世話人が勝手に縁談を進めた」など、「結婚して子どももうけたけれど、本物の恋愛は未経験」と言い放つ高齢者は呆れるほど多いのだ。

同氏が付言する。

「仕事を辞めてやることも見つからず、心にぽっかり空いた穴を埋めるのに持ってこいなのが『恋愛だ』というのです。若い世代では『次の恋愛』や『次の出会い』が期待できても、高齢者では『次はないかもしれない』という焦燥感から、目の前に現れた対象者に異常なほど思い入れ、〝人生最後の恋〟とばかりに執着する。その過程のなかで、本人の『こうあってほしい』『こうなりたい』という願望も入り混じり、現実と妄想をごっちゃにして自己都合のストーリー化を進めていくのです。恋愛への意識のなかには『いつまでも男でいたい』とする若さへの固執と、プレーヤーとして現役でい続けたい希望も潜んでいます。

このため、ストーカーに及ぶのは若い世代では交際上のトラブルから発展したケースが8割方でも、高齢者は〝拒絶型ストーカー〟がほとんどで、交際にすら至っていないのに入口でつまずく。勝手に思い込み、勘違いを続けた挙げ句に『裏切られた』と逆恨みして言動がエスカレートしていくのです。ストーカー行為者に罪の意識はなく、『自分は正しい』との信念に基づいた行動のため、認識や言動を改めるといった発想はなく、『悪いことはしていない。当然のことをしている』という感覚しかありません」

行為に及ぶのは、認知・検挙数での統計上は単身者の男性に多いとされるが、こと高齢者に限っては「妻帯者か否かは関係ない」と指摘する。

「対外的に孤独でなくても、精神的に孤独なのです。既婚者でも、すでに子どもは独立し、皆それぞれが勝手に過ごしている。表面的には労《ねぎら》ってもらえているようでも、心の中では馬鹿にされ、軽視し、邪険にされている事実に気づいているのです。日々の生活のなかで、注目も関心も持たれない自分。ましてや褒められたり敬われることもない。これまでは仕事で紛れていたけれども、誰にも大事にされていない自分をいよいよ自覚して、その寂しさや心の空洞を埋めるべく、偶像化した相手に一気にしがみついてしまう。根底にあるのは『俺の寂しさ、哀しさを何とかしろ！』といった意識です。加害者は皆、孤独です。心が病んでいる。心の方向転換とケアが必要です」（同前）

さらに、駒沢女子大学教授で心理学者の富田隆氏は、「相手を大切に思って一番に考えるのが恋愛の基本。相手のことを考えずに一方的に気持ちを押しつけるのは恋愛ではありません。本人が恋愛と勘違いしているだけ」と大前提を挙げたうえで続ける。

「恋愛は単なる本能ではありません。しかるべき時期に、ちゃんと練習、体験して学ばなければ恋愛上手にはならない。恋愛能力が乏しければ、短絡的にノーコントロールを招くのも当然の理で、本人は恋愛と思い込んでいても、なかには性欲との区別がつかずに混同している場合もあるのです」

70歳男性が37歳シングルマザーを「運命の相手」と……

「警察官から声をかけられたときには、何がなんだかわからなかったよ。そんな話になってるとは露《つゆ》ほどにも思っていなかったからね」と、埼玉に住む70歳男性は大きく目を見開いて話す。

「同じ境遇を慰め合うなかで生まれた〝つかの間の恋の一幕〟で、私の中では甘酸っぱい思い出の1ページになっていたんだけど……」

ことのあらましはこうだ。

男性の妻が入院中、隣のベッドにいた母親を見舞う30代のシングルマザーがいた。二人は看病の話や趣味の話題で意気投合。食事や観劇へ一緒に出かけるようになったが、ふとした弾みでキスを交わしたのを最後に女性からの連絡が途絶えた。彼女の母親も退院してそれきりになったが、「運命の相手ならきっとまた会えるはず。どうしても辛抱できなくなったら、調べて会いに行くつもりだった」と言う。

しかし、一方の女性からの視点では、様相はかなり異なる。

男性から〝運命の相手〟とまで思い入れられた、椎名遥香さん(仮名/37歳)は、「人生の汚点。あんな辱《はずかし》めは生涯最初で最後と思いたい」と強い口調で吐き捨てる。

仕事の合間を縫い、片道2時間をかけて母親を見舞っていた遥香さんへ、隣床の連れ合い男性から労いの声をかけられた。

「毎日面会に来ているとの話に、『奥様思いで素敵な旦那様ですね』と感心して褒めたのが始まりです。実際には退職して時間が余っていただけのようですが。昔は接客業をしていたとかで人当たりはよく、話し方も穏やかで、雨が降っていたらまず私の傘を差してくれるなどエスコートにも慣れていました。亡き父と同年代で、私と2歳違いの娘さんも名古屋にいると聞き、互いに〝即席親子〟の感じでいると思っていたんです。異性として意識したことなど、ただの一度もない!」

「あれっぽちのことで、そんなに騒ぐかなぁ」

父親代わりに彼女が子育ての苦労や仕事の愚痴、職場の悩みを男性へ話すと、ときには年配者ならではのアドバイスを受けることもあった。お礼にと母親へ持参した煮物をお裾分けしたところ、後日、お返しとして観劇に誘われた。

「前から観たかったミュージカルで大喜びでした。でも、帰りがてら……」と、遥香さんはいったん口をつぐんでブルッと身震いをする。

「人気《ひとけ》のない脇道に入るや、いきなり力いっぱい抱き締めて強引にキスしてきたんです。ビックリして抵抗したけど、身長も私より高くて動けなかった。それで必死に首を振って唇が触れないようにしたら、今度はブラウスの中に手を突っ込んできて……」

一瞬ではあったが、揉み出された乳房と乳首に舌を這《は》わされた。

「全身に鳥肌が立って、思いっきり突き飛ばして逃げた。人は本当に恐ろしいとき、声が出なくなるのを身をもって知りました。帰ってからは何時間もお風呂に入り、口と胸を何十回もアルコール消毒しましたが、いつまでもいつまでも気持ち悪くて」

以降、母親は義妹に任せて、男からの携帯電話の着信は拒否設定にした。

「事故に遭ったのだと自分に何度も言い聞かせ続けた」が、半年を過ぎても触れられた感触や体温、体臭が思い起こされて眠れない夜が続き、淀《よど》んだ心は晴れなかった。

「自分だけがいつまでもこんなにつらいのは不公平だと、思い切って警察に相談したんです。身分証明書をコピーされたりして、何度も細かく事実確認をされ、その一連のやりとりがさらに屈辱でした。ただ、これを最後に蒸し返したくなかったし、二度とかかわりたくなかった。相手には私がどんな思いをしたのかを知って反省してほしかっただけなので、説諭の希望だけを伝えました」

そうして「あなたがやったことは強制わいせつに値するんですよ」と警官から告げられた当の男性は前述のとおり、青天の霹靂《へきれき》とばかりに驚いた。みっちり説諭を受けて事態を把握し、「傷つけたとしたら、悪いことをした」と話す。

その一方で、「でも、あれっぽっちのことで、そんなに騒ぐかなぁ。彼女は間違いなく私に好意を持っていたし、胸に触れたときも『アン』と小さく声を出して感じていた。連絡が取れなくなったのは、病床の妻に遠慮して心を整理する時間が欲しいんだと思ってたけど、恥ずかしくなっちゃったんだな、きっと」と付け加えるのも忘れなかった。

先の小早川氏が付言する。

「バブル時代などでの成功体験が忘れられずに、いつまでも『自分はモテる』と思い込んでいる高齢男性は珍しくありません。また、女性は相手が自分へ情欲を抱き、性的関心を持っているか否かで反応が変わります。性の触手を察すると女性はその瞬間から『気持ち悪い』と感じる。ところが最近の高齢世代では、性的に衰えるのを極端に恐れて焦る男性が増える傾向にあります」

「見守り隊」の老人が女児にいたずら

他方で、子どもが被害者となる性犯罪も多発している。一部の性癖愛好者を除けば、「高齢男性にとって子どもは無抵抗なうえ、性的な意味合いや悪意にも気づかれにくい相手」（前出・井上氏）、「体力や立場、金銭面の余裕などから大人の女性を相手にできない、相手にする自信のない男性ほど、若年層へ向かうのは世界でも一般的な傾向」（前出・富田氏）というが、地域の「防犯の目」を担うべき存在が、自らの欲望に駆られて一線を踏み外すのでは親も周囲もなす術がない。

子どもを不審者から守るために結成された「見守り隊」の60代、70代男性が、小学生女児への強制わいせつで逮捕や有罪になる事件がたびたび報じられる昨今、同様の事例はあちこちで聞かれる。

「児童が何かあったときの駆け込み先となる『こども110番』指定宅の76歳男性が、『不審者がいる』と保護を求めて家の中に入った小学3年生女児の体に不用意に触り、スカートの中に手を入れた。両親が男性一家と弁護士を交えて協議し、事態を収めましたが、被害を受けた女の子の心の傷は計り知れません」（東京・民生委員）

「横断歩道で旗を振るボランティア高齢者の男性のなかには、『ランドセルの肩ベルトがずれている』と直すふりをして5〜6年生女子の胸を触ったり、歩道橋の階段を上がる女子児童のスカートの中を覗くように見上げる人がいるのです。先生に伝えても『おじいさんをそんな目で見てはいけません』『気にし過ぎ』の一点張りで、父兄会で取り上げても『子どもの言うことだから』と一笑に付される。親同士で男性本人へ注意しても、『そんなことはしていない』と言い張られ

るだけで、娘たちへは『あのおじいさんには近づかないように』と自衛策を講じるほかないのです」（栃木・43歳主婦）

老人は〝性のない存在〟という認識を改めるべき

先の富田氏が言及する。

「高齢者が年を取って急に性欲が大爆発しているわけではありません。強い欲求は持っていても、現役時代には様々な付き合いや生活のなかで比較的上手に処理できていたのです。ところが、一線を退いて入ってくるお金や情報、人との接点が限られた状態に一変する。欲求が過度に溜まれば攻撃的にもなり、行き場のない状態では思わぬ暴発も招く。高齢者の性的欲求を満たす施策を真面目に考えるべき時代に入っているともいえるのです」

すなわち、「パンを盗むな」と言うのは簡単だが、「パンを盗まないようにするにはどうすればいいか」まで踏み込む必要があるということだ。

「そもそも大前提として、『年を取っても性欲はなくならない』という事実を広く一般に認知すべきです。人間は〝本能が壊れている生物〟ともいわれており、生殖能力がなくなっても、皮膚と皮膚が触れ合うコミュニケーションの一環として、性的欲求が存在し続けます。『年寄りは性もなくただ枯れればいい』とはきわめて非人間的な考え方で、高齢者を無性化した〝性のない存在〟としてとらえる考え方自体を改めないと、社会逸脱的な行為は減少しないでしょう。〝性犯罪〟という形で多く表出してしまうのは、『年寄りはかくあるべき』と理想像を押しつけている、現システムや社会への矛盾の現れでもあるのです」

健康であればこそ、より幸せな人生を求めて心と体の触れ合える相手を求めずにはいられない。人として生き続ける限り当然の欲求ではあるが、方向が狂えば犯罪者へ堕《お》ちる。

老いて心は寂しさで埋められ、体は性に飢える一方であれば、「生涯現役」であり続けるのは苦行の道に他ならないのかもしれない。

Column

「シニアストーカー」の凄まじき思い込みと執念

「由起さぁ〜ん、寂しいよぉ〜。電話をくださぁ〜い」

携帯電話の留守電に、何度この声が吹き込まれただろう。

一連の高齢者取材を続けるなかで、自身も高齢男性３人からストーカー被害を受けることになった。

彼らの執着心や心理動向について自ら識者に学び、被害女性たちの実被害や心情を詳細に聞いておきながら、全く自分の言動に活《い》かされていなかった。

というか、「取材」と明言して会った男性高齢者たちに、まさか自分が執着されるとは思ってもいなかった。彼らについては仮名を使うのさえ恐ろしく、憚《はばか》られる気がするので、ここではA、B、Cさんと表記させていただく。

Aさんは69歳。かつては飲食店を経営していたが、不況から2年ほど前に店を畳んで、現在は年金と奥様のパート収入で暮らしている。ローンも完済した自宅マンションへは、結婚して近所に暮らす一男一女と3人の孫もよく遊びに来るという。彼の携帯電話の待ち受け画面は4歳になる孫娘の誕生日の写真で、いちごのデコレーションケーキを前に小さな手でピースサインをつくってはにかんでいる様子が大変かわいらしい。

傍《はた》から見れば金銭的にも、家族愛にも、大層恵まれた隠居生活のように見える。

しかし、話を聞くうちに、彼一人が皆から〝浮いた存在〟として除《の》け者にされている事実を知った。

「一晩で数百万円の売り上げがあった頃には、周りにもいっぱい人がいたんだけどね」

バブル全盛の狂乱時代、彼は都内に洒落《しゃれ》たカフェバーを3軒展開し、大変羽振りがよかった。芸能人やスポーツ選手とも交流ができ、誘われるままにゴルフやクルージングに出かけては「その日の気分で1週間自宅に帰らないこともザラだった」と話す。

イケメンとまではいかないが、女性客ウケするムード演出や小まめな気遣いはお手のもので、当時は何人かの女性とラブロマンスも楽しんだという。

ところが、バブル崩壊とともに暗転。店は1軒のみ残せたが、経営は超低空飛行が続き、閉店時にはおよそ1000万円の借金が残った。生命保険を解約しても足りずに、現在もわずかな年金から返済を続ける父親を、「子どもらは軽蔑《けいべつ》しかしていないみたい。ずっと家庭を顧みずに好き勝手やっていたせいで、二人とも親父には懐かず母親（妻）にべったり。一緒にいても空気みたいに扱われる。だから、朝起きて、一人でパンを焼いて食べたらすぐに家を出て散歩に出かけるんだ。家にいることが少なかったから、今さら、居場所がないんだよ」と肩を落とすのだった。

ここで、打ちひしがれるAさんを不憫《ふびん》に思ったのがいけなかった。

1日に36通のメールが……

「水商売は潰《つぶ》しが利かない」と気落ちしている彼へ、何でもいいから気晴らしのアルバイトをするように勧め、口も利いてくれない奥様へ花を買って帰るように促し、激励の言葉を告げて別れた。

すると翌日に「昨日は励ましてくれてありがとう。おかげで元気が出ました」とメールを受けたので、それはよかった……と思ったのもつかの間、日に1回から2回、そして3回から5回、10回と携帯電話へショートメールが入り始めたのだ。

〈今日は日本橋まで歩いてきました〉〈皇居の二重橋がきれいです〉など、「散歩しかすることがない」日々の日記もかくやで、今、自分がどこにいて何をしているか、つぶさに行動記録がオンタイムで送られてくる。

初回に一度〈よい1日を〉と返信しただけで、あとは無視を貫いたが、一向に止む気配はなく、続々とメールが入り続ける毎日。知りたくもない彼の日常を、1日最高で36回も一方的に伝えられるのは苦痛以外の何ものでもなく、猛烈にウザい。ウザ過ぎる。

放っておけばそのうちに飽きてやむかと思ったが、1週間、2週間と過ぎてもやまず、他愛ない内容とはいえ、さすがに3週目に入ると辟易《へきえき》してくる。

仕方なくAさんへ電話をかけて、「迷惑なのでやめてほしい」と直訴したが、返ってきた言葉に驚愕した。

「そんなこと言わないで！　あなたにメールを送るのだけが1日の楽しみ。返信はしなくていいから、勝手に送るだけだから問題ないでしょう」

第2章で述べた「無視は肯定に通じ、迷惑は伝わらない」という現実を、身をもって痛感する。

言葉を尽くして説明したが聞き入れてもらえる様子はなく、苦肉の策として「1日3通まで限定」に譲歩する。早々に着信拒否設定をするのは訳なかったが、彼には名刺を渡してしまって自宅兼事務所が知られているため、下手な対応をして押しかけられるのを恐れたのだ。

以降は朝、昼、晩と1日3回、時報のようにメールを受け続けたが、2カ月近くしてプッツリ途切れた。がんが再発して治療中なのかもしれないし、仕事など他に熱中できることを見つけたのかもしれない。やっと飽きて行為の馬鹿らしさに気づいたのなら嬉しいが、もっと反応が見込める別の女性に執着の対象を移したのではないかとも想像して不安を覚えた。

ともあれ、一息つけたが、いつまたメール受信が復活するかと思うと、しばらくは気が気でなかった。

「同世代のバアさんには興味がない」

「あなたはラッキー。私には今、たまたまカノジョがいないの。出会えたのは運命。一緒に暮らしませんか」

好みのイケメンから言われたら舞い上がるような台詞だが、相手は翌年80歳を迎えるBさん。初対面から3時間での告白だった。平均寿命(当時)からすると余命１年となるこの男性の現役感は相当なもので、急に熱っぽい視線へ変わって一気に口説きモードへ突入する。

モスグリーンのハーフコートを小粋に着こなし、背筋を正して颯爽《さっそう》と歩く様は壮年男性に勝るとも劣らない。裸一貫で会社を興《おこ》し、つい４年前まで社長業に就いていただけあって、矍鑠《かくしゃく》とした立ち居振る舞いには威厳も漂う。

「同世代のバアさんには興味がないの。あなたくらいがちょうどいい」

結婚は過去に2度。いずれも離婚して、昨年までは18歳下の女性と暮らしていたが、バツイチの彼女が娘一家と海外移住を決めたため、6年ぶりに一人暮らしへ戻ったという。

方々に住む5人の子どもや孫とも仲はいいが、「それぞれの生活があるし、ベッタリした関係は好きじゃない」と、都内と箱根のマンションを行き来して過ごす。

2度の離婚で「預貯金はすっかり持っていかれた」ため、資産は2軒の不動産と年金のみ。相続を考慮して結婚は考えないが、「楽しく毎日を過ごせるパートナーは必要」と相手を物色中だったと言う。

喫茶店の一角がピンクモードに染まって、軽く手を添えられる。重ねられた手の甲の筋張った干乾《ひから》び具合が、まぎれもない彼の実年齢を物語っていた。

そして、艶っぽい声で「あなたもまさか、取材だけで私に会いに来たわけじゃないでしょう」と囁かれたときには正直、のけぞった。

誤解のないように断っておくが、筆者が絶世の美女であるとか、超グラマラスな肢体の持ち主とかいった事実は一切なく、ましてや資産家筋の出身で金持ちという現実もない。色気はほぼゼロに近く、体形は「棒のよう」と言われることが多い一介の庶民だ。

なぜ、瞬時にそこまで思い入れられるのか。

「飛んで火にいる夏の虫」だったとそのときには解釈したが、先の小早川氏が言った「『次はないかもしれない』という焦りから、目の前の異性にしがみつく」習性によるものと後から理解した。

期待を持たせてもいけないので、その気のないことをハッキリと伝え、お会いするのは今回が最初で最後とも付け加えた。

なのに……。

〈今週末に箱根までドライブはいかがですか?〉〈○○のコンサートをご一緒できればと思います〉など、1〜3日おきにお誘いメールが来る。

Bさんは人を介しての紹介だったので、無下《むげ》に扱うわけにはいかないとその時点では判断し、〈先にお話したとおり、お付き合いする気はありませんので、ご容赦ください〉と何度も返すが効果なし。その後もやまないメールをしばらく放っておいたら、今度は電話が鳴るようになった。声を聞くのもためらわれたが、出るまでかけ続けられるような勢いに根負けし、ついに覚悟を決めて着信を取る。

紳士的な物腰のBさんを悪い人とは思わないが、実父より年上の男性が恋愛対象にはならないし、こうしたしつこいお誘いは迷惑で気分が悪い——少々言葉が過ぎるかな、とも思える強い口調と語句で本心をぶちまけた。

ところが、Bさんの反応は意外過ぎるものだった。

「そんなふうに『嫌よ、ダメよ』と拒んでいる女性が、徐々に自分へ心が傾いていく過程が楽しいの。恋の醍醐《だいご》味《み》ってそういうもの」

年の差についても、「私の長女より年下だけど、次女よりは上。気にしないで。問題ありませんよ」といなすのみ。

いえいえ、あなたはよくても私は違う——何とか真意をわかってもらおうと、これまた言葉を尽くすが、「あなたはまだ運命の出会いに気づいていないだけ」の一点張りで歯が立たない。

極め付きは、「元気で長生きの秘訣《ひけつ》はね、物事を自分の都合のいいように解釈すること」の一言で、何を言っても通じないのだと、このときになってようやく悟る。

徒労感しか残らない会話の後で、すぐさま着信拒否設定に踏み切った。

留守電に吹き込まれた50件の求愛メッセージ

年金暮らしのCさんは74歳のバツイチ男性。

賃貸アパートでのヤモメ暮らしは20年近くになるといい、「来客は久しぶり」と、押し入れから防虫剤の臭いのする客用座布団を取り出して勧めてくれた。

お茶目なCさんは、いろいろな話の最中にたくさん冗談を言って笑わせてくれ、終始なごやかに取材が進んだ。

早寝早起きの生活から、正午前に取る昼食を「食べていきなさい」と食卓に並べ、佃煮《つくだに》や味噌汁をご馳走《ちそう》になる。

バス停まで送られて笑顔でお別れしたときは、まさかこの先、身も凍る恐怖に襲われるとは予想だにしていなかった。

翌日の昼下がり、Cさんから電話が入る。

「昨日はあれから無事に帰ったかな、と思って」

お世話になったお礼を言って、早々に電話を切る。

と、次の日の午前中に、また電話を受ける。

「一昨日、話し忘れていたことがあって」

しかし内容は、聞いたことばかりで実がない。

適当にあしらっていると延々話し続けられる気がしたので、「その話はすでに聞いたし、今これ以上話している時間はない」と言うと、「忙しいのに悪かったね」とすぐに電話を切ってくれた。

しかし、ここから先は坂を転がるように攻勢が凄まじくなる。

3日目からは日に5回以上、電話が鳴るようになった。とりあえず出ると、取りとめもない話を一方的に続けられる。

途中で遮って「忙しいし、もう話すこともない」と告げると、「迷惑かけちゃったね、ごめんね」と言って切るのだが、ホッとしたのもつかの間、30分～数時間後に再びかけてきては、「どうしてるかな、と思って」

と続く。

出ないで留守電に切り替わると、

「由起さぁ～ん、声が聞きたいで～す。電話をくださぁ～い」

「忙しいのかなぁ？　一段落したら電話してくださ～い。待ってま～す」

と吹き込まれる。

礼節も弁《わきま》えた温厚なCさんが、こんなに豹変《ひょうへん》した様子にどう対処すべきか戸惑ったが、6日目にして耐え切れず、「毎日何度も電話をされるのは迷惑で不快。もう二度とかけてこないで欲しい」とピシャリと叱った。「わかったよ、ごめんね」と切ったのでようやく安堵《あんど》し、翌日から電話を不通状態にして4日間の海外滞在から戻ると、留守電に50件を超す〝声〟が吹き込まれていた。

「あれぇ～、また電話に出ないぞぉ。どうなってるのかな～？」

「ずっと留守電になってるから心配してま～す。電話をくださ～い」

「どうして出てくれないのかなぁ？　風邪でもひいてるのかなぁ？」

途中からは再生する手も震え、次第に吐き気に襲われる。

最後のほうでは、

「寂しいよぉ〜。声を聞けないと死んじゃうよぉ〜」

と、すすり泣くような声を絞り出していた。

考えてみれば、Cさんは仕事を辞めてから約10年、毎日ずっと一人だったのだ。

複雑な家庭事情から、きょうだいとも絶縁関係にあり、唯一の友人が4年前に急死してからは、さらに一人ぼっちになって生きてきたのだ。

昼食時に「誰かと一緒にご飯を食べると味が違うね」と笑っていたが、そういった機会はおそらく、久しくなかったに違いない。ずっと笑ってばかりいたのは、彼自身がとてもはしゃいでいたのだろう。張り切って、精一杯に冗談を言い続けていたのだ。

「健康だけが取り柄で無趣味」のCさんは私が去った後、にぎやかに過ごした一時を思い返しては勝手に美化し続け、生きる希望と光を私に投射してしがみついた。おそらくは一日中、女神のように偶像化した女性を思い描いては30分、1時間も辛抱たまらず、衝動的に電話せずにいられなかったに違いない――と後日、冷静になってから気づいたが、その時分には恐怖と嫌悪感しかなかった。

本人に悪気がないのを知って躊躇《ちゅうちょ》していたが、迷わず着信拒否設定に切り替える。

するとと今度は、公衆電話からかけてくるようになった。

「僕が気弱なこと言っちゃったから、呆れて電話くれないのかな。本心ではありません。仲直りしたいで〜す」

とメッセージが残される。

またも拒否設定にすると、次々と違う電話番号でかかってくるようになった。

仕事柄、いつ、誰からどんな情報を得るかわからないため、それまでは非通知や未登録の相手でも着信に出ていたが、やめた。

というより、その頃はすでに電話恐怖症に陥っていて、約2カ月間は仕事関係者3人以外、ほぼ誰からの着信にも出なかった。

着信音が鳴ると心臓が飛び出そうになるためマナーモードにしていたが、着信ランプがともるたびに恐怖に怯え、見知らぬ番号が表示されると心臓がバクバクと音を立てて息の詰まる日が続く。

留守電に吹き込まれることはなくなったが、昼となく、夜となく、朝から晩まで最多で1日23回の猛攻を受ける。

番号を変えるべきだと思ったが、このときはよんどころない事情があって変更できずにいた。

何とかやり過ごして3カ月頃になると、不審な着信はグッと減り、半年を過ぎた頃にはすっかりなくなっていた。よかった、Cさんもやっと我に返ったのだと信じて、ある日の夜、酔った勢いで非通知の着信にふいに出てしまった。

すると――。

「由起さぁ〜ん」と、地底を這《は》うような声が耳に飛び込んできた。瞬時に奈落の底へ突き落とされるような衝撃を受けて、全身が凍りつく。背筋がゾーッとして、心臓がドスンと鉛のように重たくなった。

条件反射で咄嗟に電話を切る。続いて、急いで電源をオフにする。動揺と恐ろしさから指先がおぼつかずに、途中で2度、電話機を床に落とした。

さらには電源を切った携帯電話の上にクッションを山積みにして一晩を明かす。

しばらく身体は小刻みにブルブルと震え、胃からは何度も酸っぱいものが込み上げてきた。その夜は明け方までろくに眠れなかった。

弁護士の話では、「近年は携帯電話会社の個人情報に対するガードが堅く、弁護士からの照会であっても回答を拒否するケースが多いので、携帯電話会社から個人情報が漏れるリスクは低いと思われる」とのことだったが、興信所の利用を心配するのも嫌だったし、精神衛生面でこれ以上は耐えられなかったので、翌日、電話番号を変更した。

20年ほど使い続けた番号で未練はあったが、これで少なくともBさん、Cさんとは縁が切れたと思うと、数カ月ぶりに幾分心は晴れたのだった。

「愛想笑い」や「社交辞令」が一切通じない

後日、小早川氏と別件で再会した際、シニアストーカー予備軍に「やってはいけない行為」を指南され、パーフェクトに行っていた自分の言動を猛省した。

いわく、その禁忌の行為とは次のようなものだ。

○本人に興味を持って（持ったふりをして）話を聞かない
○笑って（笑いかけて）接しない
○楽しそうに（楽しいふりを）しない
○下手に褒めたり励ましたりしない
○体に触れない（握手もしてはいけない）

同氏が理由を説明する。

「仕事や同情に基づいた言動であっても、相手は自分への好意としか受け止めないのです。話も面白そうに聞いてはいけない。話の内容に興味があるのに、相手は『自分に関心があるんだ』と勘違いしてしまうからです。彼らにとっては自分に関心を持たれることが一番の喜びのため、接する際にはきわめて淡々と、終始ポーカーフェイスを貫くこと。楽しそうな素振りを見せると『俺は彼女を楽しませることができた』という喜びと自信を与えてしまい、相手は勝手に妄想を膨らませていきます。『楽しかったです』ではなく、『楽しいお話でした』と言うべきで、あなたといて楽しかったのではなく、あなたの話が楽しかったのだと伝えなくてはいけない。傍から見れば『そんな馬鹿な』と思うような事象でも、本人は至って真面目に、自分本位に思い込んでしまうのです」

また、高齢男性には従順で、ゆったりした所作の女性が人気かと思いきや、「何か言ったり見たりしたときに、ポンポンと素早く言葉や反応が返ってくる相手のほうが好まれる」という。

「言動に刺激を受ける相手のほうが、細胞が活性化されて老いの抑止や若返りの一端になるからです。老化が進むだけの残りの人生で、少しでも健やかに過ごせるよう、活性化を助長してくれる相手を見つけると、『この先元気に生きていくのに、この人が必要だ！』と本能的に欲して、さらなる執着を招くのです」

長く、取材終了時には対象者と握手をして別れる習慣がついていたのだが「看護師以外の女性に触れられたのは何年ぶりだろう！」と目を輝かされたときに、もっといろいろなことに気づくべきだった。

執着の凄まじさ、拒絶や迷惑が「伝わらない」「通じない」相手がどれほどの脅威になるかを思い知り、高齢者人口に比例して、シニアストーカー被害のさらなる増加を懸念せずにはいられない。

第3章 暴行・DV

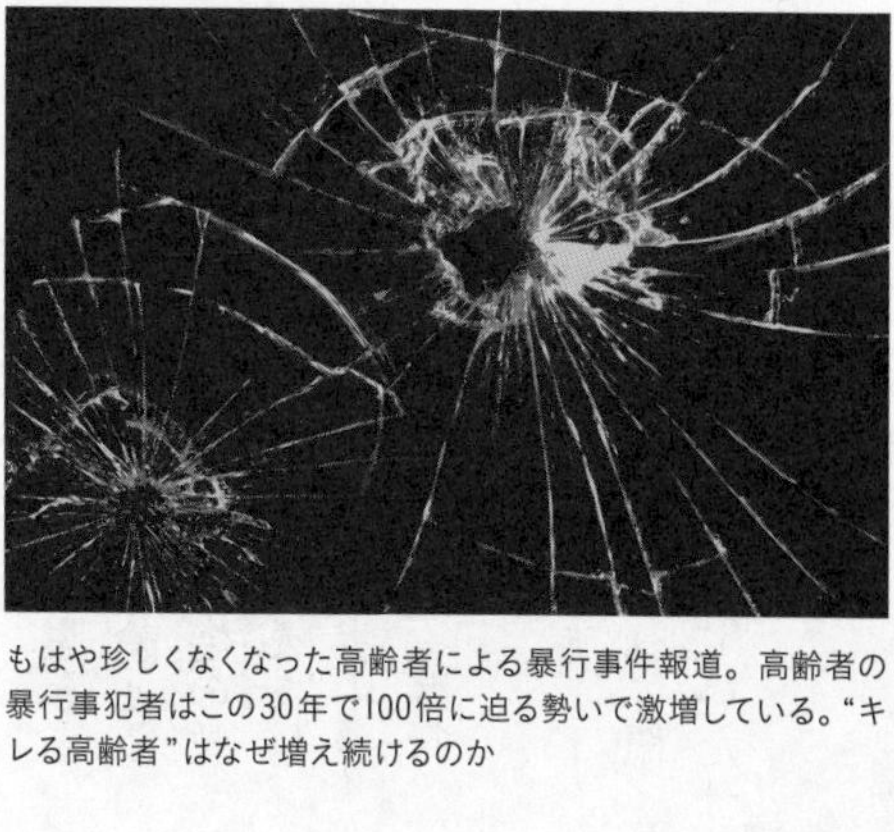

もはや珍しくなくなった高齢者による暴行事件報道。高齢者の暴行事犯者はこの30年で100倍に迫る勢いで激増している。“キレる高齢者”はなぜ増え続けるのか

自己中心的で傲慢な〝キレる高齢者〟

「バカヤロー！　お前は何様だッ!!」

野太い声で、初老男性の怒号が響く。

この69歳の男は電車内で携帯電話の大声による通話を注意されたことに腹を立て、車掌を罵倒して殴りつけた。ゲートボールのゲーム進行をめぐって口論となった81歳男性は、スティックで相手を殴打して怪我を負わせた。他にも自宅の敷地内に吸い殻が投げ込まれたのを隣人の仕業と思い込み、植木鉢を投げ込んで隣家の窓ガラスを割った78歳男性や、「鳴き声が気に障《さわ》る」と、飼い主と散歩中の犬に殺虫剤を噴射した84歳女性など、いずれも高齢者が引き起こした傷害・暴行事例の一部だ。

長く社会生活を営み、人生経験の豊富な高齢者は本来、分別と節度を弁《わきま》え、下の世代の「お手本」となるべき存在だった。重ねた年の分だけ〝角〟が取れていた。穏やかになり、体力的にも弱まって、自ら争いを好まない世代ととらえられていた。

しかし、近年では明らかにこの定説が崩れてきている。

現役警察官が言う。

「激高すると手がつけられない高齢者は非常に多く、通報を受けて駆けつけた現場でも、人の話は聞かずに一方的に自分の主張ばかりをまくし立てる。話を遮《さえぎ》ると余計にボルテージが上がるため、喋《しゃべ》り疲れてトーンダウンするまで黙って聞いているほかありません。彼らが話している最中は決して否定してはいけない。高齢者は自分のことを否定されるのに至極敏感で、さらなる激高や混乱を招いたりして事態の収拾を長引かせてしまうからです。とくに男性は、かつて軍隊や会社組織で上層部にいた人ほどエリート意識が強く、気位《きぐらい》も高くて、非を認めるどころか『自分こそ正しい』と絶対に譲りません」

高齢者では認知症等の病気が原因で凶暴性が増したり、身体能力の一部欠如から力加減がかなわずに大事に至るケースも多い。が、一方で、健常者による怒りの感情の暴発——カッとなった激情に歯止めが利かずに言動の暴走を招く行為はあとを絶たない。

大きな事件でなくとも、スーパーやコンビニなどで無抵抗な店員へ激憤に任せて悪態をついたり怒鳴ったり、バスや電車でケンカ腰に振る舞う、路上で八つ当たりのごとく人やモノに対して暴れるなど〝キレる高齢者〟の姿は、誰しも一度は目の当たりにしているのではないか。そして、その自己中心的で傲慢な有り様は、高齢者の数の増加にも即してか、明らかに他世代よりも目立つ。

高齢者の暴行検挙は30年間で88・6倍に

日々のニュースのなかでも、高齢者による傷害、暴行事件報道は珍しくなくなってしまった。

実際、検挙者数も飛躍的に増えており、ここ30年（1989～2019年）を比較してみると、「傷害」では141人から1775人へ12・59倍に。「暴行」に至っては48人から4253人へと、実に88・6倍にものぼる激増ぶりだ。とくに後者においては、ほぼ一貫して増加傾向にあり、至近10年では検挙者総数が大同小異で推移しているなかで、高齢者だけが倍増に近い。

その「暴行」に及んだ高齢事犯者が、犯行時の主たる動機・原因として筆頭に挙げるのが「激情・憤怒」（63・9％）で、次点の「飲酒による酩酊《めいてい》」（14・3％）に大差をつける（法務省『犯罪白書』および総務省統計資料より）。

◉刑法犯 検挙人員の年齢層別人口比の推移（暴行）

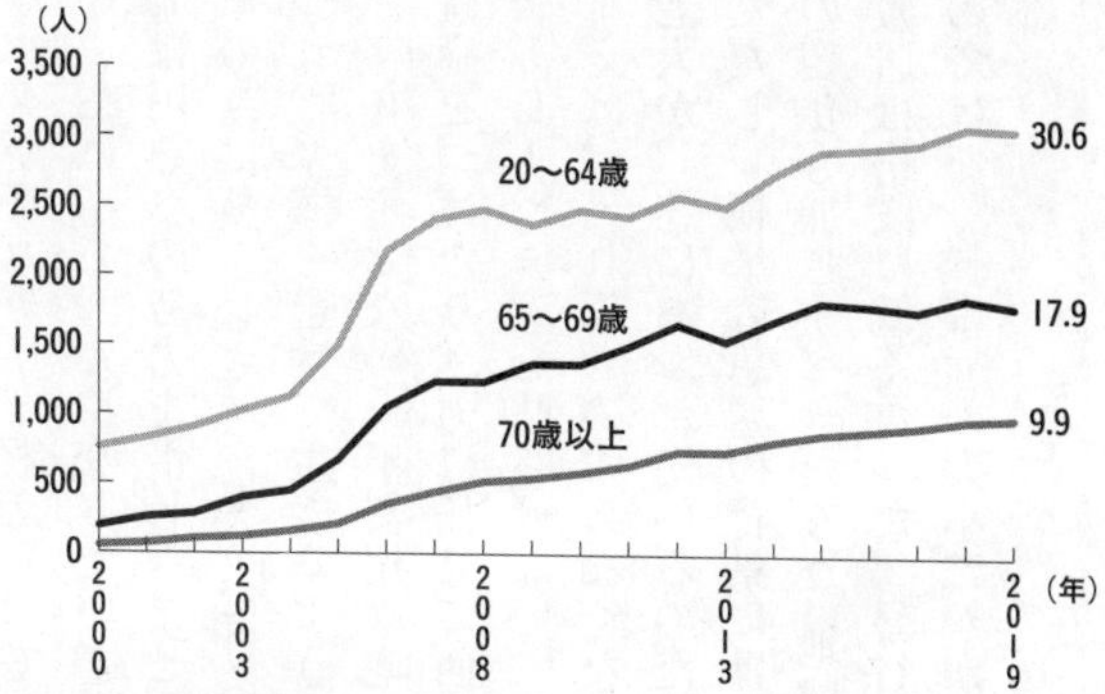

法務省『犯罪白書 令和2年版』より

注1：警察庁の統計及び総務省統計局の人口資料による。 注2：犯行時の年齢による。
注3：「人口比」は、各年齢層10万人当たりの各罪名の検挙人数をいう。

高齢者と女性のメンタルヘルスを専門とする「あしかりクリニック」院長の芦刈伊世子氏が指摘する。

「前頭葉の中にある抑制系の神経細胞は加齢により自然死していきます。このため、感情の抑制が困難になり、物事において『ちょっと待てよ』といったん間を置けなくなる。『キレる』というよりは『待てなくなる』『止められない』状態に近いのです」

対称的に、〝好々爺《こうこうや》〟に代表されるような、年を重ねるごとに柔和になり、周囲から信頼され、敬われる高齢者も存在する。何が違うのか。

「認知症でなくとも、脳は加齢により萎縮していきますが、脳内のネットワークがビッチリと鍛えられている人は、多少縮んでも影響は少ない。また『かわいいおばあちゃんになりたい』など、老いについて自分なりの美学や目標がある人は円熟への努力を惜しみませんが、余生を開き直ってしまうと〝我〟を通すことのみに執心して、〝地〟だけが剝《む》き出しになってしまう。人は世の中を知るにつれ、摩擦を避けて生きるようになるはずが、一部では他者へぶつかることでしか存在を示せない『不器用な老人』となる実態があります」

難癖をつけたり、力に任せて面倒を起こすことでしか人にかまわれず、己のフラストレーションを晴らせない。恥やはしたなさといった咎《とが》めを自ら打ち捨ててしまえば、恐れるものすらなくなる。一昔前でいうところの〝ヤンキー〟のような老人が、巷《ちまた》にあふれているのだ。

ただし、検挙者急増の背景には、些細なトラブルも警察沙汰とする世の中の対応の変化も加味すべきだろう。地域コミュニティの崩壊が進むにつれ、「110番」の敷居は格段に低くなった。暴行や傷害が絡むもめ事は当事者間で内々に済ませるのではなく、事態の大小にかかわらず警察に任せる対処法が一般的になりつつある。

さらに、世代によって培われた暴言・暴力における認識や感覚のズレも看過できない。

価値観は時代とともに育まれ、常識や世間の受け止め方も変わっていく。「パワハラ」や「モラハラ」等の言葉も一般的でなかった時代には、人気の家族ドラマや青春映画をはじめ、子ども向けアニメですら暴力で問題を解決、収束するストーリーがもっぱらで、罵倒《ばとう》や取っ組み合いもお約束なら、父親がちゃぶ台をひっくり返して家族を殴る様も、「男らしい」「父親の威厳」と賞賛される節すらあった。今の高齢者が青年〜壮年期を過ごしたつい数十年前まで、この国では現代とは比較にならないほどの暴言や暴力が容認されていたのだ。

当時のスポ根ドラマの〝しごき〟が、現代では〝体罰〟と受け止められるように、かつては「許された（かもしれない）」ことが、今では「許されない」。

こうした時代の推移に合わせて、本来なら、価値観や常識を修正して生きていかねばならない。それが社会生活を営む一員としての、社会人としてのルールでもある。

ところが老化による硬直化した思考閉鎖と相俟《あいま》って、一度培った価値観や常識を変えられない。あるいは頑《かたく》なに対応しない、できない、改めない。――現代では明らかに犯罪となる反社会的な暴力行為は、〝止められない激情〟のまま暴走し、根底にある自己正当性から良識やマナーをもぶち破り、何かの拍子に爆発してしまう。

しかも、食生活の変化による十分な栄養摂取、長寿化で身体的衰えが先に延びた事実と併せて、「暴力に訴える世代だから」と片づけられないほど、体力のある状態が事態に追い討ちをかける。

都内で、76歳男性に突き飛ばされて全治1週間の怪我をした飲食店勤務のアルバイト男性（21歳）が証言する。

「男女7人で来店したグループ客の一人で、会計の際に出された割引券が期限切れで使えなかったんです。それで、出された現金が足りずに散々ゴネた挙げ句、他の人が不足分を支払って済ませた。皆で店を出た後に、少ししてその男だけが戻って来て、『俺に恥をかかせた』『接客態度が悪い』などと怒り出し、『お前が悪い、謝れ』と。断ったら思い切り突き飛ばされ、テーブルの角に耳の裏を打ちつけて出血し、左人差し指を突き指した」

白髪のおじいさんに、まさか「手を出される」とは思ってもいなかったため、不意を突かれて相手の張り手を無防備のまま受けた。想定外の出来事に「一瞬、何が起こったのかわからなかった」と困惑した面持ちで当時を振り返る。

「最後には謝ってくれましたが、警官が来るまで、店長には『コイツが勝手に転んだ』と言い張り、訳のわからない理屈をがなり立てていた。あれ以来、老人に対するイメージが変わりましたね。彼らは弱くなんかないですよ。力だってあるし、何より、キレて悪いことしても逆に威張ってるんだから、ある意味、最強ですよ」（同前）

駒沢女子大学教授で心理学者の富田隆氏が説く。

「会社員だった多くの男性にとって、現役時代の社会的地位は数々の言動のストッパーになっていました。会社という組織に属しているだけで、あまたの見えない規制が設けられていたのです。ところが、帰属集団を失うことで抑制機能がなくなってしまう。ネクタイがなくなるのは犬の首輪が外れた状態にも等しく、人によってはタガが外れてしまうのです。

人間が自制心を働かせる動機は二つしかありません。一つは恐怖による支配で、強制されて生まれるネガティブな動機。二つ目は『自分はかくありたい』といった美意識によるポジティブな動機の自己規制です。老いの美意識を持てないまま、恐怖による源がすっ飛んでしまえば、恐いものなしの状態になって暴走を招くのも致し方ないと言わざるを得ないでしょう」

80歳の夫が75歳妻へ壮絶なDV

高齢者による度を越した暴言・暴力は、公共の場でこそ人目に晒《さら》され、戒めを受ける機会も得るが、閉ざされた〝密室〟の凶行では、深刻な事態に進展してからでしか発覚しない場合も多い。

配偶者間の暴力＝ＤＶ（ドメスティック・バイオレンス）がそれだ。

割合的には男性側からのＤＶが圧倒的だが、「健常者の場合は老化により、いきなり凶暴性が芽生えてＤＶに発展するケースはまずありません。男性では元来の性格や気質がより顕著に出る形で暴力的になる」（前出・芦刈氏）という。

考えてみてほしい。

一線を退き、日常生活でかかわる人間が極端に減る。肩書きもなくなって社会的地位や世間体など外部からの抑圧も消える。子どもも巣立って夫婦二人の生活では間に入る人間もなく、完全な密室と化す。日々のなかで気に入らない事柄や不満があっても、憂さを晴らす術を知らず、受け止めてくれる相手が〝目の前の一人〟しかいない。元来DV気質だった夫が、コントロール不能になった感情の暴発と持て余した体力を、筋力が減って骨が脆《もろ》くなった妻へ向けるとどうなるか――。

「年を取れば、父も丸くなると信じていたんです。体も衰えて、もう暴力なんて振るわないだろうと思っていたのに……」

実家へ向かう高速バスの車中、山崎智美さん（仮名／44歳）は暗鬱とした表情のまま呟《つぶや》いた。彼女が幼少時から苛《さいな》まれてきた父親の家庭内暴力は老齢になっても収まらず、今回、母親がDVにより右大腿骨頸部《だいたいこっけいぶ》と右手首を骨折。病院からの知らせを受けて、8年ぶりに故郷へ向かうこととなった。彼女の父親は80歳、母親は75歳だ。

「父は気に入らないことがあると、母を殴る、蹴る。私たち兄妹もよく叩《たた》かれ、父には『死んでほしい』と本気で願ったことも一度や二度じゃない。母には何度も離婚を勧めましたが、『あんたたちを片親にはできない』の一点張りで……」

兄妹は高校卒業後、進学を機に実家を離れ、そのまま就職、結婚。両親二人きりの生活となり、加齢も伴って「『以前ほど暴れなくなった』との母の言葉に一時は安心もしていた」と言うが、穏やかでいられたのもつかの間、父親が現役を引退してからはDVが再び悪化し始める。2年前には頭と顔を殴打され、頭部の出血と鼓膜の損傷で、兄夫婦宅へ母親を一時避難させた。

「配偶者暴力相談支援センターや女性相談センターなどにも相談しましたが、本人に別離の希望がないため、手立てがなくて。兄も私も同居する気持ちも余裕もありませんし」

苦肉の策として民生委員や地域担当の警察官らが小まめに見回ることになったが、警察官が説諭に訪れた際も「父は『養ってきたのは俺だ』『至らないから教育してやってるんだ』と相変わらずで、まったく話にならなかったとか。母は過去に失明しかけたこともあったけど、これほどの大事に至るのは初めて。老い先短くなってから、こんなことになるなんて……」と、智美さんは言葉を詰まらせた。

西日射す病室のベッドに横たわっていた母親は娘の遠路を労《ねぎら》い、ひとしきりの話を終えた後に「お父さん、ご飯どうするのかしら」とも言葉を続けた。髪を掴《つか》んで体を振り回され、段差へ叩きつけられるようにして放られた際、床についた右手首の骨と大腿骨を折り、このまま寝たきりになる可能性すらあるのに、だ。

二十余年にわたり、DVや熟年離婚に携わってきた弁護士の松江仁美氏（弁護士法人「DREAM」代表）が指摘する。

「『DVは被害者が育てる』といわれます。初期の段階で被害者が毅然とした態度を取り、加害者へ公にも厳しい制裁を受けさせ、こうした暴力は許されないという事実をわからせない限り、年を取ったからといって暴力が自然にやむものではないのです。むしろ、理性や世間体を失い、感情だけが剝き出しになってブレーキの利かない状態となり、よりエスカレートすることすらあります。

そもそも人間はそれなりに大きな動物です。多少老いたとしても一人の成人男性が理性を失ったときの暴れ方は凄まじく、大人2〜3人でも止められないこともしばしばあります。DVは弱者しか相手にしない卑劣な行為ですが、さらに悪いことに、面倒くさい話し合いより『一発殴って黙らせた』という味をしめさせると、他の解決の手段を取らなくなって果てしなく暴力が続いてしまうのです」

対する妻側も、夫の経済力と引き換えに長年、暴力に耐えてきた生活から、自分が被害者であることも認識できなくなる。

高齢者福祉に従事する保健師が打ち明ける。

「長い年月、暴力に晒されていると感覚が麻痺してしまい、〝正義〟や〝正常〟といった基準がわからなくなってきます。一種の『洗脳』に近い感覚に支配されているため、高齢女性が自ら第三者機関へ通報、連絡をしたり、自発的に行動を起こすことはありません。また、何十年も両者の関係が継続されていることで、自分たちだけでは、これまでと違った行動や客観的な考えに及べない。何らかのきっかけで第三者が介入して風穴を開け、そこから両者を分離させるなどの方法を講じない限り、夫婦間だけでは決して事態改善に至らないのです。このため、公に把握されている件数の少なくとも数倍は実数があるとみられています」

別居を提案しても「今さら、そんなことできない」

智美さんは母親に改めて離婚や別居の意思を質《ただ》したが、「今さら、そんなことできないわよ。もう年だし、お金がないと生活もできないし。いいの、いいのよ」

を繰り返すばかり。「お父さんはああいう人だし、仕方ないじゃない」と呆《ほう》けたように話す口ぶりからは、「共依存」というより、長年の暴力に対する耐性からか、事態の大きさ、深刻さを理解していないふうに映る。加えて、すでに人生を諦めたような無力感、脱力感すら漂っていた。

母親は「お兄ちゃん（息子）の所は落ち着かなかったからイヤよ。これから、いつ家（自宅）に戻れるのかしら」と話すが、命にかかわる危険性があるため、まずは回復の状況を見て、一時的に介護老人保健施設か特別養護老人ホームへ隔離・保護されることになった。

50年以上も連れ添った妻を自らの暴力で救急搬送させ、二度と歩けなくなるかもしれない身体にした事実をどうとらえるのか。父親に話を聞こうとしたところ、「人の家のことに口を出すな！」と一喝された。「殴られるようなことをするほうが悪い。怪我をしたのは心身の鍛錬が足りないから。妻の務めを果たさずに、迷惑しているのは私のほうだッ」と憤慨した声がインターフォン越しに聞かれるのみだった。諍《いさか》いの発端は、テレビのリモコンが定位置に見当たらなかったことだというが……。

前出の松江氏が付言する。

「DVの加害者は家庭でわがままに育てられた人が多いのです。『自分は何をしても許される』という特権意識や全能感を持ち合わせているため、『やってはいけないこと』と知識ではわかっていても道徳観念としての理解はなく、事の重大さに気づける人はきわめて少ない。とくに旧世代には家制度の残滓《ざんし》がいびつな形で意識の中に残っていることも多く、根底には『男女平等などとんでもない』という根強い差別意識もあるのです。高齢者の離婚問題は、こういった理屈で割り切れない問題と対処せざるを得ず、解決は相当な困難を伴います。最悪の場合は『戦うより相手が死ぬのを待ったほうが早い』というような事態にも陥りかねません。

しかし、それでは残された人生を相手への恨みだけで、相手の死を願いながら生きていくことになり、決して幸せとは言えないでしょう。人は幸せに生きた者が勝ちなのです。『死ぬまでに自分の人生を取り戻したい』という思いがあるならば、逃げ出さずに進むべきではないでしょうか」

「このままでは夫に殺されてしまう！」

清水富子さん（仮名／77歳）は2年前に友人の経営するアパートの一室を格安で借り、東京から栃木へ移って夫と別居。一人暮らしをしている。

「親友と一緒に入れる共同墓地も購入したんです。離婚が無理でも、夫やその一族と同じ墓に入らずに済むと思うだけで、心が軽いの」

23歳で2つ上の夫と見合い結婚。旧家の長男でもあった夫の暴君ぶりは当時から顕著で、新婚直後から青アザも絶えず、30代には首を絞められて失神するなど、たび重なる暴力に耐え続けた。

「私を蔑《さげす》んで馬鹿呼ばわりするのは当たり前。『能なし』『役立たず』『クズ』等も挨拶代わりで、今思えば人として扱われていなかったのかもしれない」

打撲や骨折で病院通いになっても離婚を考えなかった一番の理由は経済力だが、戻れる実家がないのも大きかった。

「傍目には『3高』の結婚相手ですから、子どもたちが独り立ちするまで周囲からも離婚を勧める声はありませんでした。また、怪我の後には決まって何か穴埋めするような贈り物があり、うまくごまかされていたのかもしれない。口も手も悪い代わりに、そうしたものが愛情の証だと信じていたかったし……」

50代半ば、鎖骨にひびを入れられた際には海外旅行が用意された。暴行と罪滅ぼしが飴と鞭《むち》のように使い分けられるなかで、「少々のことは自分さえ我慢すれば丸く収まる」と、70歳を過ぎるまでは「添い遂げる覚悟でいた」という。

ところが4年前、壁に頭を打ちつけられて頭蓋骨を骨折。幸いにも全快して事なきを得たが、「『このままでは殺されてしまう！』と、初めて死を意識しました」と、別離を決めた。

退院後は一時的にシェルターへ避難したが、3人の子どもたちの援助もあって自立した生活を確保。夫へ離婚届を送りつけた。

「子どもからの話では、『別れるなら、これまでに食った米と使った金を返せ！』と言っているそうで、『家計を任せていたが、勝手に余計な金を使われた。自分こそ被害者で妻を訴えたい』とも話しているとか。今まで一度もお小遣いすらもらっていないのに」

咳払《せきばら》いや足音に怯える日々から解放され、好きなときに好きなことをして好きなものを食べられる自由に「偏頭痛も治まった」と言い、呪縛が解かれた今は「1

ＤＫのアパートが６ＬＤＫの一戸建てより私には贅沢《ぜいたく》なお城。一人暮らしの寂しさはあるけど、友達や娘夫婦も近所に住んでいるから心強いし、思っていたより気楽。何はともあれ、まだこうして生きているのがありがたい」と、顔の前で手を合わせた。

妻から夫へのＤＶ——原因は「恨み」

一方、数は限られるが、女性から男性へのＤＶも実在する。先の芦刈氏が言う。
「女性の暴力はほとんどの場合で恨みから発します。壮年の頃、体力では敵《かな》わなかった男性側が衰えるのを待ち、足腰が弱まるなどして逃げられなくなったら最後、ここぞとばかりに恨み殺す勢いで報復に転じるものです」

夫のたび重なる浮気や婚外子の存在などはその典型で、当時は子どもや生活のため、世間体などから別居や離婚もせずに我慢してやり過ごしていたのを、年を重ねて、澱《おり》のように積もった凄まじい恨みを何かの拍子に噴出させるのだ。拭い去ろうとしても忘れられずにいる心に刺さった棘《とげ》は、本人にとっては時間の経過で癒やされる類のものではない。

「男性はすっかり忘れていても、女性は恨みに対する記憶が鮮明で、やられたことを覚えています。しかもやり口が巧妙で、朝から晩まで聞くに堪えない暴言を吐き続けたり、大事に至らない程度で背後から突き飛ばす、新聞などを丸めた紙で目立たない部位を力いっぱい叩く等、表沙汰にならないようにする。あからさまに痕《あと》を残したり、大怪我を負わせたりする暴行には及ばないため周囲にも気づかれにくいのです」（同前）

女性ならではの陰湿なDVは高齢者虐待でもあるが、「やんちゃだった夫を、自宅で献身的に世話する温情深い妻」とカモフラージュされれば、他人は内情を知る由もない。

大泉昭代さん（仮名／80歳）は、6年前に他界した夫に対し「寿命を3年は縮めてやったわね」と、あっけらかんと笑う。

同い年の夫は「呑む、打つ、買う」の放蕩《ほうとう》三昧。生活費もろくに入れずに、長女出産直後には他の女性と駆け落ちまがいに家を出た。数年後に戻ってきてからもギャンブルによる借金生活は続き、昭代さんは2人の子どもを抱えて昼夜を問わず、仕事を掛け持ちしながら身を粉にして働いたと目を潤ませる。

夫は70歳頃からリウマチが悪化。手足の痺《しび》れや倦怠感も訴えるようになり、単身での外出が困難になった。

「痛がったり、苦しんだりするのを見ても『いい気味』としか思えない。好き放題して何の役にも立たず、これまで私にかけた苦労と屈辱をどうしたら味わわせられるかに腐心した。早い話が、いびり倒したということよ」

食事は最低限の品数と内容で済ませ、好物は絶対に食べさせない。水分補給は出がらしの冷めたお茶か水道水のみで、冬でも温かい飲み物や汁物は用意しなかった。ヨタヨタ歩くのを「邪魔よ！」と言っては蹴飛ばし、物を倒したりこぼしたりすると烈火のごとく怒って叱責する。タオルやティッシュケースなどの軽品をたびたび夫へ投げつけ、「迷惑だから長生きしないで」「早く逝って」を連発し、こづく、叩《たた》く、つねる行為も日常化した。

「自分が鬼のように感じられるときもあったけど、思いやりの気持ちなど、どうしても持てなかった。それどころか、少しでも反抗的な態度を見せると、逆に火がついたようにカーッとなって、歯止めがかからなくなった」

彼女からすれば、因果応報。夫が制裁を受けるのは当然で、「生きているうちに責め苦を負わせずに、自分のしてきた罪をわからずに死なせては、それこそ本人のためにならないとも感じていた」と話す。無論、その理屈には自分への言い訳も含むだろう。

末期に夫は肺炎で入院したが、危篤の連絡を受けても駆けつけなかった。火葬の際も「何の感慨もなかった」と話す昭代さんは、遺骨が骨壷《こつつぼ》に収められても「清々《せいせい》した気持ちのほうが強かった。自分が思っていたよりもずっと深く憎んでいたのだと思う」と、自身の気持ちを確かめるように何度も何度も頷いてみせた。

老年期に他人からの評価を期待してはいけない

折しも2014年6月に、神奈川県で79歳の女性が同い年の夫を自宅で撲殺して逮捕される事件が報じられた。40年以上前の夫の女性問題について口論となり、激高した妻が夫を殴打、死に至らしめたのだ。憤怒による暴力行為は、男性より力の弱い女性だからといって軽視できるものではない。女性こそ感情の抑制が利かなくなって、いつどんな局面で、どのように暴発するかわからないのだ。

実際、虐《しいた》げられたときのことや怨恨の話をする際は、どの高齢女性も決まって咄嗟に唇を一文字に引き、瞳に怒りの炎を浮かべる。穏やかな表情を一変させてカッと目を見開き、40〜50年前の出来事を一気に遡《さかのぼ》って昨日のことのように語り出すのだ。夫のせいでどれほどひどい目に遭ったか、自分がどんなに耐えてきたか――姑や夫に従うのが当然とされた時代に受けた辛酸の記憶は、家制度が薄れた現代になってこそ、疼《うず》きを伴って鮮やかに心に甦《よみがえ》るかのようだ。もちろん、それらに対し行動を起こして、暴行に転じるかはまた別問題ではあるが……。

当然だが、恨みや憎しみを胸に抱え、激情のまま怒りを暴力で噴出する人間に幸福感はない。晩年に近づきながら老熟の域に達せず、常に不平不満を露《あらわ》にして憤り、イラ立ち、力任せにしか発散の術を持たない高齢者は、その姿に悲愴《ひそうかん》感をまとってなお哀れで痛ましくも映る。

物質的には一時代前より遥かに豊かな社会となったはずだ。が、心の満足と平静を得られずに、八つ当たりにも似た言動が続くのは、現在の自分とその境遇に不満があるからにほかならない。

筑波大学名誉教授で「SAT情動認知行動療法研究所」所長の宗像恒次《むなかたつねつぐ》氏が説く。

「年を追うごとに、昔できたことができなくなるといった不安やストレスも増え、加齢により、不安物質とされるノルアドレナリンが出やすくなります。さらに、抗不安感を司り副交感神経の働きを強める、沈静物質のギャバ（ガンマアミノ酪酸）の分泌低下に伴う影響も大きい。一部の高齢者が些細なことでキレて爆発してしまうのは、こうした身体的要素に加え、自分への要求水準が上がりっぱなしになっていて、いつ暴発してもおかしくないほど感情がパンパンに膨れた危険な状態でいるからです。

理想と現実のギャップが不満になります。認めてほしい、感謝してほしい、愛してほしい……と、承認欲求が肥大化すれば、不充足感しかなくなる。そもそも、己の価値や評価を他者に委ねてきた生き方を転換する必要があるのです」

一般に、現役時代には地位や収入など外部からの評価も生じるが、高齢になるほど他者からの注目や賞賛、承認は薄れていく。朗らかに喋ったり笑うなどすればリラックス効果を得てノルアドレナリンの分泌を抑えられるが、年とともに、仲間や友人、家族や配偶者など、親しい相手も一人ずつ減っていく。

「老年期に入れば、誰しもが〝他者報酬型〟ではあり得ず、自分で自分を認める〝自己報酬型〟へ切り替えないと不満は溜まる一方になります。しかも、人間関係が乏しくなり、己を客観視する機会が減るほど、クールダウンする機会も失って、欲求は天井知らずに上がり続けるばかりです。しかし、自分に対して確固たる自信がないと自己報酬型の評価は適いません。裏を返せば、暴力やDVなどの行動に出る高齢者は、その域にまで達せず、成熟しないまま老齢期に入ってしまったともいえるでしょう」（同前）

自ら築いてきた人生が、思い描いていたものと違う。毎日の生活に納得がいかない、満足できない。自分はもっと他人から認められていいはずだし、敬われ、大切にされて然るべきではないか。もっと、もっと愛され、労われなくては合点がいかない――人生の終盤で心豊かにいられないのは、配偶者のせいであり、周りの人やモノのせいであり、社会のせい。些細な否定すら、これまでの自分の人生への否定に通じ、過度な自己保身に徹して周囲に噛みついては、哀れな自分を守る。

「自分は悪くない」――独りよがりの自己弁護を並べ立て、軋《きし》んだ心で今日もどこかで老人が暴れている。

第4章 売春

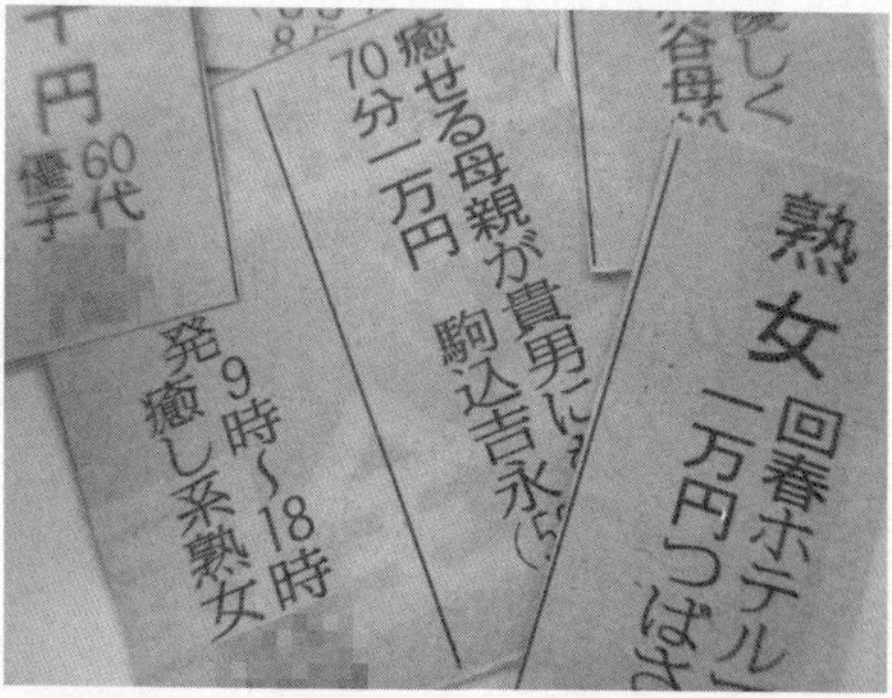

快楽が欲しい、温もりが欲しい、金が欲しい……高齢男女たちの性をめぐる生々しい現場。「死ぬまでセックス」を掲げる“枯れない”高齢者の実像

「木嶋佳苗はね、やり方がマズかったのよ。殺すまで搾《しぼ》り取っちゃ駄目よぉ」

吉川輝子さん(仮名)は、緩くパーマのかかった茶髪を手櫛《てぐし》で整えながら薄ら笑いを浮かべる。68歳、離婚歴2回。シングルマザーとなった39歳のときから、主に生保レディをして2人の子どもを育て上げた。垂れ目気味の目尻は笑うと一層下がって人懐こく見え、愛嬌ある優しげな笑顔は、何もかも委ねたくなる気持ちにすらさせる。

が、この微笑みに、あまたの高齢男性がいくら捧げたことか。

「そうねぇ。ここ数年で3000万は頂いたと思うわ」

〝結婚詐欺〟ではない。人によっては手も握らせずに「もらうだけ」での収入だ。

始まりは6年前。腰の手術で1カ月ほど入院した際、病棟でひと回り年上の男性と親しくなった。バツイチで単身、子どもとも疎遠の彼は輝子さんに入れあげ、先に退院するとプレゼント持参で足繁《しげ》く見舞いに通い始めた。

「モノなんていくらもらっても、この年になると嬉しくなんかないのよ。好みでもないノーブランドのバッグなんて、転売もできずにゴミになるだけ。年を取るほど先立つものしか必要じゃないし、欲しくなくなる。だから『商品代金の分、いくらかでも現金のほうが嬉しいわ』って本音を漏らしたのね」

するると翌日には現金10万円入りの封筒を渡された。

「大喜びよ！　貯金を切り崩す生活だったから、『ものすごく助かるわぁ』って、思わず涙ぐんじゃったのよねぇ」

男性には親の代からの持ち家に加え、預貯金も年金もタップリ。時間と情熱を持て余しながら優しさや愛情に飢え、対する輝子さんは生活に余裕がなく、将来を不安視していた。

「腰を悪くして働くのは無理だし、貯金にも余裕がなくて。でも再婚はイヤ。相手の介護や親族、家事など煩わしさがついて回るでしょ。気ままに生きたいの」

そこで〝デート援助〟を思いつく。一緒に出かけるたびに困窮ぶりをアピールし、金銭提供を促す。名目はマンションの更新費や孫の手術代、脳ドックの検査費用など何でもいい。

「困ってるのよ、どうしよう」と絶妙なタイミングで切り出し、「頼れるのはあなただけ」と切実に訴え、数回に分けて約400万円をゲット。驚くことに、体の関係は一切ナシで、だ。

「『腰のせいでエッチは無理』と伝えてあるし、お金は『貸してくれても返せる当てはない』のは承知のうえ。『俺が何とかしてやらなきゃ』と、好意で差し出されるのを受け取るだけ」

マメな電話やメールでの心くすぐるやりとりは、生保営業で養った勘とノウハウでお手のものだ。

「とにかく、いい気分にさせるのよ。上手に話を聞いて、認めて、褒めて、『あなたは他の男性とは違う』と、自尊心をくすぐるの。そして、たまには母親のようにして少しだけ叱ってあげる。若い娘のように、わざとスネてみせる。あとは多少の手料理で十分よ」

おにぎり1個が3万円に化ける

輝子さんいわく、すこぶる美女ではなく、普通の容姿で〝ちょっと小綺麗〟にしてこそ相手はすぐに気を許し、打ち解けるのだとか。

「あんまり美人だと誰だって警戒しちゃうでしょ。他にライバルもいないと思わせて、『俺が面倒を見なくちゃ誰もいないんだ』って、いかに背負い込ませるかなのよ。何といっても、男は頼られるのが好きだから」

そうして半年ほど体《てい》よく援助させた後、男性の再入院を機に〝退《ひ》き時〟と判断し、転居を口実にして姿を消した。

「本当はもっと取れたと思うわ。でも、あれ以上お金を出させると、相手がお墓に入っても執着し続けるように感じたの。探偵を雇われても困るしね」

とはいえ、同世代の女友達がパート業務で5000時間以上も働いて得るほどの大金を難なくせしめた快感と手応えは大きかった。これで、味をしめる。

「チョロイなぁ……って」

婚姻目的でないため、結婚詐欺にすらならない。

「小金を抱えて使い道のないジイさんなんて、ごまんといるのよ。ちょっとの笑顔で10万、20万出すのなんて屁にもならない。100万や200万なら『仕方ない』で済む相手だってね」

さらには、「どうせ眠っているお金なんだから、私が引き出してあげることで、世の中には有効活用だと思うわ」とまで言い切る。

そこまで寂しい高齢男性が世にあふれているという現実がイタい。

かくして輝子さんは方々の病院や美術館などで獲物を物色。手製のおにぎり1

個がのちに3万円超へ化けるとも知らずに、男たちは続々と手中に落とされる。

「ほどほどで切り上げるのがコツ。預貯金の1割から4分の1くらいが限度ね。その程度なら『いい思い出』『ちょっとした人助け』と後から思い直して済ませられるから。少し痛い目を見ても、男は見栄っ張りだから決して自分が『騙された』とは思いたくないのよ。そのさじ加減、欲張り過ぎずに恨まれない程度の金額の見極めが肝心ね」

一度だけ人選を誤り、200万円を〃提供〃させた後に、男性を生活保護受給者へ貶《おとし》めたことがあったが、彼女は「私こそ被害者よ！」と憤る。

「資産家ぶっててすっかり騙されちゃったのよ。こっちも生活かかってるから必死よ。そもそも取り柄も未来もない男が、女と楽しい思いしてタダで済むはずないじゃないの！」

焦らしに焦らして一晩で20万円ゲット

高齢女性が、同じ高齢の男性をカモにして巻き上げる——。「茶飲み友達紹介」の交際クラブや、高齢者向けの交流サイトなどでも魔の口は開いている。

片えくぼが愛らしい広川弥生さん（仮名／66歳）も、病院でヒントを得た。長患いの夫を見舞ううち、入院中の同世代女性が、同じ病棟内の男性相手に売春しているのを知ったのだ。

「いつも薄化粧していてレースのガウンを羽織り、入院患者なのに妙に色っぽくて……。シナをつくって院内をうろついては〝話〟を持ちかけ、交渉成立した男性と外出時間に近くのホテルへ出向くの。でも、金額が3000円とか5000円と聞いてビックリしちゃった！　どうせなら高く売らなきゃ損なのに」

弥生さんは夫の他界後も年金とパート収入で日常生活には困らない。足りないのは異性との交流と、観劇や旅行などに使う贅沢費だけだ。そんな折、交際クラブの存在を知る。

「子どものこともあって再婚は考えないけど、ま、気晴らしになればいいかな、と」

登録すると、すぐさま紹介があった。

「4つ上の既婚者で、浮気したいオーラが全開だった。『まずはお友達から。中高生に戻って初恋気分を味わいましょう』と、その日は手だけ繋いだの」

以後はプラトニックを貫いて、とことん焦らして燃えさせ、劣情を煽《あお》り切ったところで「実は少しだけお金に困っているの」と打ち明ける。無論、「恋人から愛人になってもいい」と囁《ささや》いて。

「次の待ち合わせでは、銀行の封筒に入ったお金を持って張り切って現れたわ。約束どおり、ホテルへ行ったけど……」

独りよがりのセックスは快感どころではなかったが、相手はすでに〝俺の女〟扱いで、今後の愛人関係について夢を語り続けた。

静観してやり過ごした翌日に「体の相性が合わないみたい。ごめんなさい、冷めちゃったの」と、連絡して携帯電話を解約。一夜で20万円を手にした。

その後も同様に、別の交際クラブやインターネットサイトで知り合った男性から、5万～30万円の臨時収入を得ている。いずれも「無理のない金額」と「釣り上げて一度きり」のスタンスは崩さない。

「面倒くさい関係になるのがイヤだし、同じ人とマンネリになっても馬鹿馬鹿しいし。先が見えている相手と深入りしたって何もいいことはないでしょ？　自分を高く見込んでくれた相手をいろいろ味見して回るほうが性に合ってると思うの。いくらまで釣り上げられるか、セックスより駆け引きのほうが楽しいし」

体を売っている意識はまるでなく、あくまでも「恋愛ごっこの代金」と言って憚《はばか》らない。

「男もアッチが下手くそで愛想尽かされたと思いたくないだろうから、さっさと次の相手を探すんじゃない？」

　もともと性行為自体には「淡白」という弥生さんは、自身が相手との情事に溺《おぼ》れるようなことはないという。

「一度きりだから緊張感もあるし、互いにボロも出なくて楽しいのよ。二度三度シちゃったら現実感だけが強くなって非日常じゃなくなっちゃうしね」

　安い女に扱われないよう指先まで気を配り、異性と接することで女としての自信も復活し、ルックスも垢《あか》抜けた。金は主に海外旅行に使い、友人とヨーロッパ周遊も果たした。

「そもそも性欲だけ満たしたいならプロに頼めばいいのよ。普通の女性とあわよくば……と、下心剝き出しで食いついてくる男なんて皆同じ。恋愛のドキドキ感なんてお金では買えないでしょ？　一番値段がつけられないんだから、安い出費じゃないの」

　若い頃は〝恋多き女〟として名を馳《は》せたという弥生さん。封印が解かれた今の姿に、亡夫は草葉の陰から何を思うやら。

62歳で「ホテヘル嬢」デビュー

いつまでも枯れることなく、「高齢」とされる年になってからも〝オンナ〟を武器に男を狩る女性の逞《たくま》しさに驚く。

還暦を過ぎて子どもも独立し、大抵は孫もいて、傍目には立派な〝おばあちゃん〟だ。しかし、枯れるどころか、逆に目覚めて乱れ咲くのが近年の潮流か。

これはプロの世界でも例外ではない。

「長く業界にいてそのまま年を重ねた」「縁あって昔の職場に復帰」「生活に困って」といった、ありがちな理由以外で業界に身を置く〝オーバー60〟は引きも切らないのだ。

小柄で細身の小池美幸さん（仮名／63歳）は、62歳で「ホテヘル嬢」デビューした。14歳年上の夫とは15年近くセックスレス。しかも、彼女が60歳を迎える頃から、夫は病の進行により下半身が不自由な身体となった。

「女としての人生は終わったんだ、と思いました。もう二度と男性の前で裸になることも、お医者さん以外で肌に触れられることも、アソコを使うこともないんだなぁ、と」

孫の成長だけを楽しみに、甲斐甲斐しく夫の世話をする毎日。無味乾燥な日々の繰り返しのなか、ふと手に取った女性誌のセックス特集を読んで、カーッと体が火照《ほて》り出したという。

「ものすごく久しぶりの感覚で、自慰までしてしまった。我に返ってから、『このまま、主人しか知らずに女の人生を終わりたくない！』との気持ちがお腹の底から湧いてきたんです」

勢いに任せて、広告ページに「女性募集中」と載っていた風俗店の番号に電話する。決め手となったのは「女として輝こう！」「超熟女大歓迎!!」の謳《うた》い文句だ。何をするかもわからないまま面接、講習を受けての初勤務。「ガチガチになって足がすくんだ」そうだが、温和な得意客に当たって一切が吹っ切れた。

「自分がどれほど干乾びていたか、どんなに飢えていたのかを思い知りました。いくつになっても、女の部分が消えてなくなるわけじゃないんですよね」

最近は週1～2日、夫のデイサービス利用の合間に「女を取り戻している」と話す。夫や息子、孫にも全く背徳感はなく、かえって「心身に余裕が出て、皆に優しくなれたほど。出勤した日は身体がくたびれるので、ぐっすり眠れるし、肌のハリや調子もよくなった気がします。墓場まで持っていく秘密ができたけど、当分辞めるつもりはありません」と、穏やかに微笑んだ。

「今のうちにやれることをやりたい」とAV出演

一方、AV業界では、「60歳以上の一般女性から『若い男優とシてみたい』『AVに出てみたい』との問い合わせを受けるのが珍しくなくなった」と、どの関係者も口を揃《そろ》える。

「AVの制作会社へ『どうしたら出演できますか』と、直接電話をかけてくる熟女も少なくありません。まずはプロダクションを紹介して対応しますが、普通の主婦が『人生の記念に』と応募してくるケースも増えています。撮影は1日通しのタフな現場のため、容姿は二の次にして健康と体力を重視。体も硬くなっており、体位も無茶はできませんが、近親相姦《そうかん》モノなどリアルな妄想ファンをはじめ、支持層は厚いのです」（制作プロデューサー）

高齢社会に突入し、2010年頃からはとくに〝JK〟（熟年高齢者）市場は活性化。超熟女優のニーズは高まる一方だという。別のプロデューサーが明かす。

「発売直後はそれほどでなくとも、還暦・古希熟女モノは旬がない分、息が長い。最初だけ売れて後は尻すぼみ、といった若い娘の作品と違って、コンスタントに長く支持されるのが特徴です。高齢女性では、裸やプレイに臆する人は少なく、出演で一番高いハードルとなるのは『本人だとバレないか』ということ。顔バレを最も恐れるため、ヘアメイクでガラリと雰囲気を変え、ホクロなどを隠すこと、マニア向けで流通量が少ないことなどを強調し、万一の際は『この世には似た人がいる』と、とことんしらばっくれるように説きます」

竹田かよさん（69歳）は、現役デリヘル嬢とAV女優の二足の草鞋《わらじ》を履く。彼女も還暦を過ぎてから性業界へ飛び込んだ一人だ。

「脚の事情から立ち仕事ができず、何の資格も持たない60過ぎの女が就ける仕事は限られていて……」

新聞の3行広告でデリヘルを知ったが、その時点では3度の離婚での元夫、3人としか男性経験はなかった。

「勤め始めは『騎乗位』がわからずに『生醤油《きじょうゆ》』と聞き違えて、寿司桶《すしおけ》でもあるのかと探し回ったの」

66歳のときに友人の紹介によりAVデビューした。出演動機はお金でも好奇心でもなく、「先の人生は見えてるから、今のうちにやれることはやっておこうかな、と思ったの」と、あっけらかんとした口調で話す。

豊満ボディが人気を呼んで、その後は19タイトルに名を連ねる人気女優となった。

「AVを見て、地方からわざわざ指名に来るお客さんや、出演作全巻を持ってきて『観ながらプレイ』をリクエストされる方もいます。色紙持参で『キャー、本物だぁ！』とはしゃがれたり、本人（私）を前に緊張して、プレイができないお客さんまでいるんですよ」

冗談好きで明るく、面倒見のいいかよさんの指名客は20～85歳と幅広い。

「ソープ上がりの熟女に技では敵わないだろうから、ハートで勝負。気持ちを込めて接しています」

バスタオルは2枚とも客に使うなど、きめ細かな心遣いを欠かさない。温かな人柄に魅かれて、母親の温《ぬく》もりを求める学生や、「側にいて話を聞いてもらいたい」と癒やしを求めて通う80代の常連客もいるという。

日本最高齢78歳のAV女優

２０１４年に78歳を迎えた日本最高齢ＡＶ女優（当時）の帝塚真織《てづかまおり》さんは、歌劇団出身という異色の経歴を持つ。若い時分にはテレビにもレギュラー出演し、結婚後も歌手としてステージに立ち、ラジオ出演などもこなしてきた。

ＡＶ初出演は71歳のときだ。

「きっかけはね、スカウトされたから。プロダクションの人と知り合って、『出てみないか』と誘われたの。それで、『とりあえず』と何枚か写真を撮られて……」

当然、悩んだ。が、ほどなく「『主演作が決まりました！』と電話を頂いて、お仕事が入ったならやるしかないな、と心を決めたのよ」と、ショウ・ビジネス界で長年培ってきたプロ根性を奮い立たせた。

10人近いスタッフがいる現場で全裸になること、カメラの前で陰部を晒《さら》すこと、それまで「別れた亭主一人だけだった」という男性経験を超えて複数の男優と絡むこと……などに、何ひとつ抵抗はなかったという。

「だって、お仕事ですもの」

プロのヘアメイクスタッフが髪をブローして化粧を施し、スポットライトを浴びて全身で演技する。監督の指示を受けてスタッフが駆け回り、自分を中心にカメラが回る。

「撮影は楽しくて。『毎月10本出たい』と言ったほどよ」

元来の美しい顔立ちに白く艶のある肌、くびれを保持したスレンダーな体型も相俟《あいま》って、デビューから6年でリリースされた出演作は18本にも及び、古希熟女市場では異例の本数を誇るほど人気を博している。

素性がバレることのみ気がかりだが、「同じ〝業界〟でも表と裏の世界は全く違うの。案外わからないものよ」とニッコリ。

とはいえ、一本の出演料はOLの初任給にも及ばない。

目下、他からの収入もある真織さんに「もし、1億円の資産があっても続けるか」と質《ただ》すと、「やると思うわ」と即答された。

「ギャラは大事だけど、お金じゃないのよ。現場の雰囲気が好きなの。どんな形でもライトを浴びて、死ぬまで一生、芸能界で生きていたいの」

若さの秘訣は、プラセンタ注射を毎月欠かさず、炭水化物を制限して美肌とボディライン、健康を保っていることだという。

その上で、交際中である30歳年下の〝彼氏〟と「月一の頻度で愛し合うことかしらね」と茶目っ気たっぷりに打ち明けてくれた。

「あと10年は現役で頑張りたい。レズものにも挑戦したいわね」と、次回作への意欲も満々、記録の更新に思いを馳せる。


一連の取材で出会った60～80代の女性たちは皆、肌艶がよく、実年齢よりずっと若く見えた。少なくとも同世代の大多数の女性よりは格段に健康で元気なうえ、艶めかしさも漂う。男の〝性〟を吸って若返るのか、女の〝性〟を覚醒、解放して突き抜けるのか。

根底には「1日でも長く女でい続ける」という意志がある。「女」の自負がある。

女の歓びを知らない老女たちの性反乱

60を過ぎた女の性反乱は、見方によってははしたなく、人によっては見苦しく映るのかもしれない。大ベストセラーとなった『How to Sex』の著者であり医師の故・奈良林祥氏から生前に聞いた話が忘れられない。

奈良林氏は、1961年から東京・四ツ谷の主婦会館クリニックで、日本で初めて結婚と性生活の相談を直接受けるカウンセリングルームを開設していた。性の研究者である彼のもとへ、還暦を過ぎた女性たちが連日、誰にも言えない悩みを抱えて訪ねて来るのだが、そのほとんどが、

「私は周囲の勧めで結婚をし、子どもを産み、育て上げました。主人に求められるまま、長年〝お務め〟にも応えてきました。けれども、あの行為を一度として『気持ちいい』と感じたことがないのです。映画やドラマ、小説などでも、とても気持ちのよいものだとされていて、『自分が自分でなくなるような感覚』にも達せられるといいます。一度もそんな感覚を知らない私は、実は不感症ではないでしょうか。そうでないとしたら、一度でいいから『絶頂』というものを味わって死にたい。女として生まれて、女の歓《よろこ》びを知らずにこのまま死ぬのだけが心残りで、死んでも死に切れない思いです」

といった内容だというのだ。

奈良林氏は「彼女たちにとっては切実な悩みであり、残りの人生を見据えて、皆、涙ながらに訴えてくる。セックスにおいては男性がリードするのが当たり前の風潮にあっても、すべての男性が女性の扱いに慣れていて性に熟達しているわけで

はありません。実際には間違った知識しか持っておらず経験も乏しく、思い込みや勘違いをしたままで行為に及んでいる男性が非常に多いのです。このため、本来なら互いに深い歓びを享受するはずが『とてつもない苦痛』や『耐え忍ぶ行為』に感じている女性の何と多いことか。そうした実情から彼らの無知をたしなめ、パートナーとともに協力してより素晴らしい性生活を送るためにあの本を書いたのですが、主旨と真意が読者全員に伝わらなかったのは残念でした」と語ってくれた。

この話を聞いたのは今から二十余年前のこと。当時の高齢女性は「女にも性欲がある」事実さえタブー視されていた時代を生き、貞操と従順を貫くしかなかった。一部を除いた大多数の女性は老いてのち、たとえ未亡人になっても亭主以外の男性と〝姦通〟するなど道義的にも許されず、また、その機会に恵まれることすら皆無に等しかった。生涯ただ一人の男しか知らずに、一生を一人の男へ捧《ささ》げるのが当たり前で、それが美徳とされていたのだ。

しかし、現代。「女性に性欲がある」事実は広く一般に認知され、携帯電話やインターネットも普及して、様々な出会いや性サービスが拡充している。女性の行動範囲は世界規模で広がり、自身が望みさえすれば、わずかな行動力だけでいくらでも〝性の冒険〟ができる世の中になった。己の欲望に忠実に生きられる時代になっているのだ。

性風俗業界で働く還暦過ぎの高齢女性は、基本的には「お金に困って」が圧倒的ではある。そうは言っても、加齢とともに〝女であること〟を諦める、捨てる、あるいは忘れ去る女性が多いなかで、動機は様々でも性的に女でい続けようとする姿は、これまでにない、新しい老年の生き方と言えなくはないだろうか。

我慢と忍耐を内外で貫き、頑なに貞淑を守り通すのだけが年老いた女のあるべき姿とも限らないだろう。

妻として、母として、ときに祖母として。そして、生涯を女として――。

長寿時代に〝女の業〟はさらに深まる。

Column

悪女の毒牙にかかった高齢男性たちの「孤独」

2014年末、木嶋佳苗に次ぐ〝毒婦事件〟として世間を騒がせた、筧《かけひ》千佐子容疑者が殺人の容疑で逮捕された。結婚相談所で身寄りがない、または近親者と疎遠な資産家の高齢男性を物色しては毒牙にかけたとされ、婚姻、または交際関係にあった男性から巻き上げたカネは総額10億円にのぼるとも報じられている。

殺人や高額被害に及ぶ大事件ともなれば世間をにぎわすものの、現実にはそこまで大掛かりでない〝小さな〟仕掛けと被害がそこら中に転がっているのは第4章で記したとおり。だが、多くの人が首を傾げるのは「なぜそこまで容易にカネを渡してしまうのか」といった事実だろう。

木嶋佳苗の事件でもそうであったように、高齢男性が女性へかくも簡単に大金を投じてしまう実態が明るみに出るたび、「信じられない」「いい年をして馬鹿なことを」「のぼせるにも程がある」といった反応が巷《ちまた》で交わされる。

しかし、取材を進めるうちに、男性の下心へわずかにつけ込むだけで、彼らが瞬く間に判断力の欠如を招くほど、途方もない寂しさを抱えて深い孤独のなかに生きている現実を思い知ることとなった。

年金を「ちょうだーい」とおねだりされ

埼玉に住む吉岡重三さん（仮名／71歳）も、こうした被害に遭った一人だった。

70歳のとき、右足の手術で4カ月間入院していたが、そこで同じ入院患者の女性（当時44歳）と知り合う。

院内の喫煙所でたびたび一緒になって言葉を交わすうちに親しくなったというが、女性の意表を突いた大胆で思わせぶりな行動に、重三さんはイチコロとなった。

「僕がトイレなどでベッドを離れると、その隙に彼女がやってきては僕のベッドに寝ているんです。添い寝するわけにもいかず、僕は車椅子に座ったままで、彼女の寝顔をジッと眺めていました。僕の布団で安心しきったように眠る、愛らしい彼女の寝顔を。看護師が怒って何度も注意するけど、聞かずにあの子は繰り返すのです。こんなこと、好きな相手にしかできないと思うでしょう？」

この「身長150センチくらい。丸顔でぽっちゃりした笑顔が可愛らしい女性」にすっかり心を奪われた重三さんは、「高校生の息子を抱え、生活保護を受けていて生活苦」と訴えられるたびに、たびたびタクシーで銀行へ出かけては何度も彼女へ現金を手渡した。

女性は先に退院してからも重三さんを見舞いに来てはカネを無心し、彼の退院日には自分のクルマで病院から重三さんを彼の自宅アパートまで送り届けた。

「ここから親しい付き合いが始まると思ったんですが……。最後まで手も握らせてもらえなかった。手を添えようとすると撥《は》ねのけられたから」

女性は缶ジュースを片手に重三さん宅をしょっ中訪れては、あちこちクルマで連れ出すようになる。

「食事代は全部負担して、洋服や新しい携帯電話、ペットショップでは10万円のトイプードルも買ってあげたんだ」

年金支給日には重三さんをクルマで銀行まで連れて行き、彼が引き出したばかりの年金を「ちょうだーい」とおねだりして、丸ごと受け取ることもあったという。

2カ月半で200万円超を貢いだ

そのうち、「車検代や携帯電話の通信費の支払いの他、新しいクルマも買ってほしいと言い出した」頃に、重三さんは病院のケースワーカーの勧めで、身寄りのない高齢者の生活支援を行うNPO法人「きずなの会」と契約。弁護士も交えた多数のスタッフがかかわるようになったのを知ると、女性はたちまち姿を消したという。

だがすでに、入院中と退院後の約2カ月半でトータル200万円以上を彼女へ貢ぎ、彼の預金残高もゼロになった後だった。

「生活を一新してデイサービスの利用も始め、たくさんの人と交わる今の生活になってから初めて、あの子はお金目当てで近づいてきたのではないかと気づいたんです。恨んでも仕方ない。人をコケにするといつか痛い目に遭うだろうから」と諦念する一方で、53歳で離婚してから1DKの賃貸アパートでずっと一人暮らしだった生活の寂しさについて涙ぐむ。

「パックご飯をレンジで温め、納豆をかけて一人で食べるご飯は惨めなものです。年を取れば余計にわびしさが募る。この先、温かいご飯を誰かと一緒に食べられる生活を夢見ちゃったら、多少のことはどうでもよくなる。目くらましに遭っちゃうんですよ」

彼らの寂しさは、「孤独」などという有り体の言葉では到底言い表せないほど凄まじいものだ。言うなれば「心の砂漠」状態で、カラカラに干乾びて、心がとてつもない乾燥状態にあるといって相違ない。

医療関係者やコンビニの店員以外では、異性と接する機会もない。誰からも関心を寄せられず、誰にも自分のことを聞いてもらえない。

誰からも優しくされず、誰にも笑いかけてもらえない。

ましてや長い間、たとえ握手であっても異性と肌の触れ合いもない。

そんな延々と続く心の砂漠状態のなかを、ずっと長く、青息吐息で彷《さま》徨《よ》っているのだ。心底では、誰かにこの渇きを潤してほしい、救ってほしいと念じながら、千鳥足で行脚を続けているにも等しく、そんなときに、1杯の水を携えて手渡してくれる女性が目の前に現れたら……ニッコリと笑顔を向けて、自分を気遣う優しい言葉をかけられたら……。

目の前の女性を悪人とは思わない、思えない、思いたくない。ましてや、差し出された水に適正な額などない。値段などつけられようはずもないのだ。

心を潤してくれた対価は、たとえ100万円でも、1000万円でも、彼らにとってはそれだけの価値のあるものだったに違いない。誰でも、好意を抱いた相手へ贈り物をするのは当たり前の愛情表現で、彼らにとってはそれがたまたま現金であったに過ぎないのだ。自分を認め、必要としてくれる唯一の相手へ、感謝と好意の証として、その金額が大きくなるほど、真心が伝わるバロメーターになると信じて──。

孫から「ジジイは臭いから寄るな！」

被害男性のなかには、孫の進学費用に積み立てていた１００万円を女性へ貢いだ既婚者（74歳）もいた。彼が打ち明けた言葉は、血縁者すら心を癒やす存在にはなり得ず、逆に孤独感を煽ることにもなる現実を物語っていた。

「端午の節句を皆で祝っていた頃は可愛かったし、この孫のために何かを残してやりたいと思った。でも、高校生になってからは正月にも年賀状１枚よこさない。盆に集まっても、スマホをいじってるばかりで会話すらない。近寄ると『ジジイは臭いから寄るな！』と怒鳴られる。同じ１００万円でもこんな孫のために使うより、一緒にいて楽しく過ごせて、お金に困っているという彼女のために使ったほうが、私には有意義だったんですよ」

後から騙されたのだと気づいたが、「言ってもせんないこと。悔しい気持ちはあるが、そのときにはそれが一番の（お金の）使い道だと自分で判断したのだから仕方ない。どちらにしろ、お金は墓の中まで持っていけないのだし……」と苦笑した。

〝小さな被害〟の実態が表出しにくいのには、被害が巨額でないことに加え、被害者が高齢男性である事実が大きい。仮に被害者が女性であったら、「悔しい」「取り戻したい」と大騒ぎするところを、彼らは「仕方ない」「蒸し返したくない」と、一切に蓋をして泣き寝入りを決め込むのだ。不思議なほど恨み節は聞かれない。

そこには、他へ恥を晒したくない、思い出として終わりにしたい、という男のプライドもさることながら、翻弄されてしまった自身への反省以外にも、「もしかしたら本当に自分のことを思い、女性がお金に困窮していたのではないか」といった一縷《いちる》の望みを断ち切れずにいる心情が潜む。

俗に、女性はリアリスト（現実主義者）で、男性はロマンチスト（浪漫主義者）といわれる。年を重ねるとともに、その差異はこうした老年期の生き方にも顕著に出てくるのかもしれない。

第5章 ホームレス

ホームレスにも高齢化の波が押し寄せている。データ上での彼らの平均年齢は61.5歳。6割超を60歳以上が占める。なぜ彼らは路上に辿り着いたのか

60歳を過ぎて「住所不定」のまま、路上生活を続ける高齢のホームレスたち。

2017年に厚生労働省が発表した「ホームレスの実態に関する全国調査（生活実態調査）」によれば、彼らの平均年齢は61・5歳で、60歳以上が65・7％と6割以上を占め、70歳以上も19・7％と2割近くにのぼる。

2012年公表の同調査によると、平均月収は約3・6万円。アルミ缶や雑誌集めなどの廃品回収を主に、何らかの仕事をして収入を得ている人は全体の61・0％にのぼり、年齢層別では60～64歳の層が65・6％と最も稼働率が高い。続く65～69歳の層で59・6％、70～74歳の層が55・9％、75歳以上の層でも47・3％となっており、高齢でも「身体が動く限りは働く」とする路上生活者は多い。

これには、経歴に建設や土木作業員をはじめとする肉体労働従事者が多いことや、世代的な価値観も相俟《あいま》って、労働を最大にして最高の価値ととらえ、「働かざる者食うべからず」「生活保護受給は恥」とする感覚が人により根強いことが背景に挙げられる。

空き缶集めは確実に稼げる

終電も過ぎた東京駅周辺で、空き缶を積んだ台車を引いて歩く初老男性の姿があった。

「基本は争奪戦。場所によっては泥棒扱いされるんだよ」と、路上生活者となって3年目になる岸田雄介さん（仮名／64歳）は、腰を屈めて丁寧に缶を袋へ詰めていく。

都内17区14市には「資源ごみ持ち去り禁止条例」が施行されている（当時）ため、作業時は慎重に、音を立てないように周囲を気遣う。

「雨の日は（雨音で）音がしないし、文句を言いに出てくる人もいないから一番気兼ねせずに取りやすい。ただ、上下カッパを着てムレるから夏場は暑くて地獄だけどね」

120リットルの業務用ビニール袋をアルミ缶でほぼ満杯にして7～8キロ。取材当時（2014年7月）、出張買取り業者の相場は1キロ当たり116～120円のため、1袋で800～900円の稼ぎとなる。350ミリリットル1缶がおよそ1・5円換算だ。

「袋代も馬鹿にならないからギッチリ詰め込むほうがいいんだけど、缶は横から潰しても思うほどカサが減らない。上下に潰すと一番入って25キロくらいになるけど力仕事で面倒だから……。これからはオリンピック需要でアルミは値上がりしていくと思うよ」

夜8時頃から朝8時まで夜通しで半日、最高40キロの台車を引く。10キロ集めるのに1~2時間を要し、足腰に負担がかかり根気のいる仕事だ。

「寝不足になるし、体力と根性がないと無理。『これなら普通に働いたほうがマシ』と何度思ったか。欲張るとフラフラになって身体がもたないから、1日2000~3000円分を目安に無理のない範囲で集めるのが続けられるコツかな。初めは、恥ずかしくて缶拾いなんかしたくなかったけど、お金が欲しかったらやるしかない。空き缶集めが一番確実に一人で稼げるからね」

52歳で上京、身包み剥がされた

富山で生まれ育ち、地元や大阪の飲食店で厨房に立っていたが、岸田さんが52

歳のとき、未婚で身軽だからと親の介護のために実家へ呼び戻される。両親が他界するときょうだい4人の相続争いが勃発。実家を追われ、300万円を手に知人を頼って上京したが、「いろんな人に騙されて身包み剥がされた」と顔を強張らせる。

身内の骨肉の争いに疲れ果て、信頼した人たちに裏切られ、頼れる人も場所もないまま路頭に迷い、あてどなく街々を彷徨《さまよ》い続けた。

「昼は公園や道端のベンチで休み、夜は100円のコーヒーを買って24時間営業のハンバーガー店で凌《しの》いだ。いろんなことがつらくて何も考えたくなかったし、考えられなかった」

食べ物欲しさから無意識にゴミ箱を漁ったときは「情けなさに死にたくなった」が、直後にボランティアによる炊き出しに遭遇して命と心を救われる。列にいた一人が炊き出しの場所や日時、衣類等を提供する団体など、路上生活全般について教えてくれたのだ。

「あったかかったね。つまはじきにされた者、傷つけられた人間にしかわからない思いやりがあった」

後から生活保護の制度を知ったが、「いきなりアパートを借りるのは難しくて、最初は施設で集団生活になると聞き、人とかかわるのが恐くて。それに、生活すべての面倒を見てもらうのはやはり気が引けるし……」と当面は路上で、自力で暮らすことを決めた。

いくつかのキリスト教会では食事以外に下着などの提供もあるため、「この生活が長くなると、信者じゃなくても賛美歌がうまく歌えるようになるんだよ。恥ずかしささえなくなれば、何とでも生きていけるのを知った。しばらくは誰ともかかわらずに、今のまま静かに生きていたい」と話し、彼の胸の辺りまで缶が積み上げられた台車を引きながら、朝焼けの街の中へと消えて行った。

なお、飲料ボトルや缶に貼られているキャンペーンシールも貴重な収入源で、モノにより1枚1~7円、なかには1枚20~50円の値がつくものもあるという。

ブランド物の服と高齢ホームレス

2020年7月に厚労省が発表した「ホームレスの実態に関する全国調査」によれば、全国のホームレス数は3992人と過去最少を記録。年ごとに減少し続けて、同調査が開始された2003年（2万5296人）からは実に6分の1以下にまで減少したことになっている。しかし、この調査方法は「昼間に目視」で、規定となる「都市公園、河川、道路、駅舎その他の施設を故なく起居の場所として日常生活を営んでいる者」だけをカウントしたに過ぎない。

生活困窮者問題に広く携わる、認定NPO法人「自立生活サポートセンター・もやい」理事長の大西連氏が喝破する。

「状態が多様化するなかで、国の定義となる『ホームレス』は、〝定住型〟群のみです。公園や諸施設からの閉め出しや巡回で排除を強化し、見えなくすることでなかったことにする。可視化を避けても『いなくなった』わけではありません。近年では肉体労働の種類も変わって、寄せ場機能がウェブに移行してクラウド化しています。より見えづらくなった分、正確な数字が把握しきれない実態にあるのです」

一口に「高齢のホームレス」といっても、そこに至るまでの経緯や生活スタイルは十人十色だ。

鶏が先か卵が先か――路上生活によって心身の健康を害したのか、あるいは、何らかの疾患がもとで行き場を失い、野外での生活を余儀なくされたのか、身体や精神に障害を抱えている人も相当に見受けられる。直進歩行が困難だったり、簡単な受け答えや会話もおぼつかない人がいる一方で、住所こそ〝不定〟だが、不定期でも収入の手段を得て自活している「自活組」、河川敷などで魚釣りをしたり簡単な菜園などをつくって暮らす「ほぼ自給自足組」、居場所を移動しながら主に行政やNPO、ボランティア等の炊き出しと提供物で暮らす「流浪組」など、すべてを一括りにはできない。

都内で高級住宅地とされる所轄担当の警察官が、笑いながら話す。

「この辺りのホームレスも高齢化が進んでいますが、皆、大抵はブランドものの服を着ていますよ。といっても、物干しから盗むのではなく、廃品回収に出される衣類を失敬する。最近は少しでも気に入らないものや、ほぼ新品でもワンシーズンで簡単に捨てる人が多く、彼らも『汚れたら洗濯するより着捨てたほうが安上がりだ』とまで言っているくらいです。靴やカバンなども同様に上等な物があちこちで出されるため、身なりや持ち物には事欠かないようですね。24時間営業のコインランドリーで雨風や夜を凌ぐ人もいて、『何もしないで居させてもらうのは悪いから』と店内の掃除を買って出て、お礼に店主から併設のコインシャワーを利用させてもらうなど、かつての3K（汚い、臭い、恐い）型ホームレスとはイメージもライフスタイルも変わってきています」

地域にもよるが、昨今ではフケだらけでガビガビの髪にホコリまみれの不潔な服装、泥だらけのみすぼらしい靴を履いて、穴の開いたボロ袋を手に携えているような、従来のステレオタイプの風体こそ少なく、街中にいても野宿者とわからない人も多い。

昼食付きで日当7000円

東京都庁に隣接する公園で寝泊りしていた、臼井《うすい》義和さん（仮名／65歳）もその一人だった。

「ここには元学校の先生や社長、サラリーマンから医者まで、あらゆる人間が、それぞれ事情があって野営しながら暮らしてる。『ホームレス』って言葉は好きじゃないよ。俺たちにはここがホームだからね」

穏やかな、優しい笑顔で話す臼井さんはヒゲや髪もキレイに整えて、小ざっぱりした身なり。ベルトをキチンと通したグレーのパンツにスポーツブランドの青いシャツ、新品のスニーカー……と、世間でイメージされる「野外で暮らす高齢者」とはかけ離れたルックスだ。

「必要な日用品や衣類等は福祉事務所へ行けばもらえるし、ボランティアの人たちも持って来てくれる。区役所の分舎ではシャワーも無料で浴びられるし、都内なら毎日どこかで数回、炊き出しや食べ物の提供もある。東京では生きるのに困らないね」

初夏の公園で、芝生の広場に野営する面々。老若男女がダンボールの上に毛布やタオルを敷き、適度な距離感を保って各々の居場所を構えている。すべての私物は各自スーツケースや台車上のカバンに収められており、「雨など悪天候の日は防水梱包《こんぽう》して、必要な荷物だけ持って駅の地下道へ移動する。夜11時から朝4時までなら横にもなれるしね」と言う。

何もない日はキャンプ用チェアにもたれて、もっぱら読書をして過ごす。夕方になるとラジオでニュースや音楽、プロ野球中継を聞きながら、お楽しみの缶チューハイを1本空け、近所のスーパーが惣菜を値引きする9時頃まで待って買い物に行き、食後は寝袋で就寝。朝は公園の多目的トイレのシャワーで寝汗を流して身支度を整え、仕事や炊き出しへ向かう。

定期の仕事は、通称〝ダンボール手帳〟と呼ばれる「雇用手帳」での就労だ。行政による「ホームレス等の雇用創出を目的とした清掃事業」の一環で、山谷《さんや》地区にある労務福祉センターで求職登録をしておくと、順番で月3〜6日ほど公園清掃などの業務が回ってくる。

「朝から午後3時まで、昼食付きで日当7000円。食事が出ないときは500円増しになる。他に〝並び〟の仕事もやってるよ」

人気のゲームや家電製品の購入要員となる〝並び〟の報酬は、3000〜5000円程度。毎日ある仕事ではないが、「ないよりはマシ」で、臨時収入を得た日のタバコは普段の「わかば」でなく「LARK」を買って生活にメリハリをつけている。

「乞食と坊主は3日やったらやめられない、って言うでしょ。定期的な医療相談で身体や歯もタダで診てもらえるし、無理して余計に働く必要もない。楽天貴族だよ」と、ほろ酔いから、一層優しい顔つきになって笑う。

「人間、何もないのが一番すがすがしい」

宮城県出身、5人きょうだいの真ん中に生まれた臼井さんは、高校時代から「根っからの放蕩《ほうとう》息子だった」と言い、勤務先の工務店の寮に住んで〝やんちゃな遊び〟にも明け暮れたという。結婚して家も建て、2人の子どもの高校卒業までは一家4人で暮らしていたが、知人関係のもつれなどから、建設作業員として一人上京。都庁舎建設にも携わったが、60歳を前に腰を痛めて働けなくなり、寮も出ざるを得なくなった。

「最初は安宿に泊まってたんだけど、そのうちにお金もなくなって、外での生活になったんだ」

親族や家族とは十数年以上も音信不通のままだ。故郷や身内に未練はないのか。

「子どもは18歳まで面倒見たし、今は何も思わないね。この先、病気になったら変わるかもしれないけど……。消息不明になって7年以上経ち、失踪届が出されて籍も住所も全部なくなってるから、まるっきりの自由人！　人間、何もないのが一番すがすがしい。何かあるから考える。なくなれば変わる」

近所のコンビニで、電子レンジもお湯も使い放題。スーパーにある無料の保冷用アイスを保冷バッグに詰めて簡易冷蔵庫とし、洗濯はコインランドリーで済ます。衣類は季節ごとにクリーニング店の長期保管サービスを利用し、レタス農家へ出稼ぎに行った仲間から譲り受けた自転車で都内を移動しつつ、万年キャンプ状態の日々を送る。

「衣食も足りてるし、不満はないよ。本格的に身体を壊してにっちもさっちも行かなくなったら福祉を受けるしかないんだろうけど、それまではこのままで」

漫画はじっくり読んでも１時間もかからないため、壮大な歴史小説を丹念に読みふけるのが一日の楽しみだとひとしきり語った後で、ふと真顔になって最後に

「過去は消せないから。自分のやったことは一生ついて回るから。ただ、それだけ」

との意味深な言葉を残した。

真意を問うと、「これ以上は聞かないで」と、おどけたゼスチャーを交えてまた笑う。

すっかり日も暮れた芝生広場では、誰かがつけた電池式虫除け機から除虫剤の臭いが漂ってくる。木立から覗《のぞ》く星空の下には都会のコウモリが何匹か飛び交い、虫の音が響く。

「火気厳禁だけが玉にキズだけど、誰からも縛られず、何もかも自由なのがいい。どん底はあっても、これ以上の〝下〟がないのがラクなんだよ」

生活保護を受けるのは「敗北」

守るものも、失うものもない強さと気楽さ。

長く路上生活者支援に携わるボランティア男性の一人が、内情の一端を話してくれた。

「ここに至るまでの誰もが世間一般にはわかりづらい、それなりの理由と過去があるんです。ただ、同じ高齢のホームレスといっても、生命力や人間力のヒエラルキーみたいなものがあって、社会的スキルが高い人やコミュニケーション能力に長けている人は自活能力もあって逞《たくま》しく生きていくけど、情報も知識も持たず、支援に乗っかれない人がどんどんこぼれていく。なかには、食えずに万引きに走る人もいる。高齢者では、世代的に最終学歴が義務教育止まりの人も大変多く、携帯電話もなく、パソコンも使えない60歳以上の男性で、肉体労働も無理となると、一度路上に出たら最後、生活保護を受けずに、住まいを借りて生活ができるだけの収入を得られる仕事に就くのは至極難しい現実があります」

事実、何らかの収入を得て自力で生きている路上生活者には彼らなりのポリシーがあり、プライドも自負もある。生活保護を受けるのは「一種の屈辱」「敗北」の意識が強く、「税金泥棒」とまで言って憚《はばか》らない。このため、大抵が「具合が悪くなったら、いよいよ国の世話にならなきゃね」と残念そうに話すのだ。

先のボランティア男性が続ける。

「生活保護が彼らすべての解決策とも限らないんです。というのも、長年、その日暮らしの生活パターンが染みついていて、長期的な金銭管理が苦手なうえ、いろいろな配分が不得手な人も多いから。毎日、生きるのに精一杯だった人がサバイバル生活から一転し、仕事もしないで食べる物にも寝る所にも不自由しない生活に転じると、途端にどうしていいかわからなくなってしまう。お金がなければ電車やバスにも乗れずによく歩くし、お酒も買えなくて健康的な生活だったのが、いきなり深酒して体調を崩す人やメタボになってしまう人、やることが見つからずにギャンブルを始めてしまう人など、生命の危機から解放された反動も手伝って、感覚が狂ってしまう人も少なくないのです。

とはいえ、野外での生活は歩行者からの暴力や路上の騒音、天候や時間単位での移動などで、長く安心してぐっすり眠れる環境にないため、ほとんどの人が睡眠障害を患って慢性疲労の状態にある。さらに、初期の段階なら治療ができた病気でも、手の施しようもない状態になってから救急搬送されて莫大な医療費がかかるケースも数知れません」

食事は摂《と》っていてもバランスが悪く、栄養が足りていないことも多い。炊き出しや食糧支援などの提供品は、カンパンやおにぎりなど、炭水化物の占める割合が圧倒的に多いのだ。

炊き出しの列に並ぶ生活保護受給者

「こっちに一列に並んでくださーい！」

都内で、海外の宗教団体が主催する炊き出しに並んでみる。かつて母国で災害があった際に日本から支援を受け、その恩返しとしてこうした食事提供をしてくれているのだと〝常連〟の老齢男性から聞いた。

かけ声を待つまでもなく公園の脇に数十人の列ができる。少なくとも7割以上は高齢者で、数人だが女性も混じっていた。

その一人ひとりへ、スタッフジャンパーを着た女性たちが優しい笑顔できびきびとステンレス製のボウルを手渡していく。

「いっぱい食べてくださいね」と、イントネーションの異なる日本語で差し出された銀色のドンブリの中には、目一杯盛られた白米に具の乏しいカレー汁がかけられていた。さしてうまくはないが、まずくもない。ただ、器を持つ手に、飲み込む喉に、ほかほかと温かい米のぬくもりが沁《し》みる。後にはワカメの味噌汁も提供された。

小雨が降りしきるなか、受け取った面々はその場で立ったまま、黙々と飯をかき込む。

ほとんど喋る者もなく、聞こえるのは「おかわりはもう一度並んでくださーい」というスタッフ女性の甲高い声だけだ。

実は、こうした場にいるのがホームレスだけとは限らない。筆者の左横にいた、72歳男性もその一人だった。

「仕事がなくなって一時は住む所もなくなったんだけどさ、行政の世話になって、今は生活保護受けてアパートに一人暮らしなんだよね。だけどさ、お金はくれるけど少ないでしょ。だから食事をもらえる所で食べて節約してるの」

他の提供場所でもこうした人たちは少なからず見受けられた。彼らを、〝自活組〟の路上生活者たちはとことん蔑《さげす》む。

いわく、「あいつらは税金で生かされてるくせに、別の財布で用意されたメシを食いに来る。しかも、都バスにタダで乗れる（注・東京都在住の生活保護受給者には「都営交通無料乗車券」の発行がある）のを利用して、下手をすると一日三食、炊き出しの場所を回って済ます。浮かせたカネで酒飲んだり、パチンコ行ったりしてるんだぜ。図々しいにも程があるよな」と憤るのだ。

「生保を受けるより、缶集めなどをして路上で生活している人のほうが遥かにハード。この国には野垂れ死にさせる文化はありません。すべてを捨ててしまえば生きるのを助けてくれる国のため、かえって暮らしやすいんですよ」と、東京・山谷地区で長年にわたり生活困窮者の支援を行ってきたNPOスタッフが匿名を条件に打ち明ける。

「ホームレスや生活困窮者は、地域によってかなり温度差があるのです。かつてのドヤ街・山谷は近年、すっかり高齢者と福祉の街に様変わりしました。十数年前までは必死に仕事を探す人の姿もあったけれど、今では年に1~2人いるかいないか。働く意思のある人が来る街ではなくなった。ここにいるのは地方から出て来て、都会の誘惑に負けて居残り、年を取ってしまった人たち。故郷も友人も捨てちゃった60~80代の男性ばかりで、大多数の人が生活保護を受けて、のほほんと余生を送っています。医療は無料だし、親きょうだいはおろか、配偶者や子ども、孫などの扶養者もおらず、友人に至るまで一切の付き合いがないため冠婚葬祭とも無縁で、通常の年金生活者よりお金にはゆとりがある。ただ、生きることへの精一杯感が緩慢になって、生きる意義を見失っている人も多く見受けられます」

仕事をして、疲れて、いくばくかの達成感と報酬を得て眠る。働くことは社会への貢献でもあり、自身が世の中で必要とされている証でもあるのだ。

生きることと労働が強固に結びついた生活からの転換のせいか、山谷周辺を歩くと何ともまったりとした空気が漂う。そこここで気の抜けた風の高齢男性が何をするでもなく道路脇に座り込み、朝から晩までボーッと呆けた顔で佇《たたず》んでいる。「何もすることがないから」と、昼間から道端で酒を飲んで一日をやり過ごす人の姿も一人や二人にとどまらない。

目的もなく、やることもない。けれど、生きること自体には困らない。

「生きるために、生きられるだけ働くのが生き甲斐になった」と笑った、冒頭の岸田さんの汗をふと思い出す。

「すべてを捨てるというのは、あらゆる束縛から解放されること。背負うものがない分、気はラクだけど、大事に思う人も思われる人もいない。亡くなっても骨を引き取りに来る人はおらず、無縁の共同墓地に葬られます」（前出・NPOスタッフ）

「貧困ビジネス」に絡めとられて

昨年に大腸がんが見つかり、「死を覚悟したら、さらに多くのことが吹っ切れた」と話す塚原康治さん（仮名／71歳）の路上生活は8年近くになる。

「20年前には、まさか自分がフータローやるとは思ってもみなかったよ。人からメシもらって食うなんて思いもしなかった。誰でも年取ってからダンボールの上で寝ようなんて思わないよな」

彼は「フーテン」と「風来坊」の意味を掛けて、自らを「フータロー」と呼ぶ。

「『プータロー』ってのは、何もしないでただプラプラしてるだけの奴らだろ。俺らは仕事のある日は働くし、毎日何かしら生きるためにいろいろやってる。一緒にされちゃ困るんだよ」

長崎から集団就職で上京し、金型プレスの工員から銀座のデパート販売員まで「何でもやった。昭和の時代はどんな仕事でもあったから、妻子のためにも必死に働いたね」と誇らしげに話す。

だが、32歳のときに離婚。一匹狼となって生活が荒れ始めた。

「ヤバイ仕事にも手を出した。40代にはギャンブルに夢中になって、一晩に百万単位でスッたこともあったな。好き放題に生きて、気がついたら家も金もなくなってた。郷里とは上京したときに縁が切れてる。田舎は家督制度が厳しいからね。長男がそっくり持っていくだけで、他の7人はいなくても同じなのさ」

一時は生活保護を受けたが、福祉事務所から紹介された住まいは、いわゆる「貧困ビジネス」絡みの無料低額宿泊所だった。

「6畳一間に二段ベッドが4台詰められ、プライバシーどころの話じゃない。三食付きだけど、カップ麺だけだったり、外国米の冷えた飯に豆腐4分の1丁と薄過ぎる味噌汁だけとか、まともに食えたものじゃなかった。なのに、保護費のほとんどを宿代と食費に搾取され、手元に残るのは毎月9000円くらい。で、『やってらんねーやッ！』と飛び出して路上に戻ったわけよ」

以来、渋谷の公園周辺でテント暮らし。わずかだが年金があり、定期的に旧友の仕事も手伝っているため、家賃さえなければ日々の生活には事欠かない。街路樹の一角を切り倒してこしらえた2畳ほどのテントハウス内には、手製のベッド（布団）とランプやカセットコンロ、鍋やバケツといった生活必需品一式が揃えられ、ハンガーにはスーツとワイシャツも掛けられている。公園の手洗い場で洗濯した衣類はテント脇の木の枝に干し、植え込みの一角では野菜を育てて収穫しては味噌汁の具やおひたしにして食す。

朝食に100円ショップで買った食パンをフライパンで焼き、ジャムを塗って頬張る。「昨夜つくった」という鍋の中には、めんつゆで煮込んだ具沢山の汁物が入っていた。

「人の体ってのは食べ過ぎ、飲み過ぎには弱いが、飢えには強い。人間はそう簡単には死なない、ってことよ。俺の命もあとどれくらいあるかわからないけど、抗がん剤は1回5万円くらいかかるし、医療を受けるには福祉の世話にならなきゃいけない。役所は大嫌いだ。俺らを見下して、嫌なことしか言わない。人間らしさ、って何だよ。立派な家に住んで、ローンが払えなくなって首吊《っ》っても人生なんだぜ。どうしても具合悪くなったら救急車呼ぶしかないけど、若い頃、やりたい放題やって、今は金がなくても自由に生きて、悔いはないよ。ただし、自由は自由に縛られるけどな」

44歳の一人娘に一目会いたい

途中、自販機でお茶を買って筆者へ手渡し、椅子に腰掛け直す塚原さん。青空を仰ぎながら煙草をふかしつつ、彼の人生論は続く。

「人間、見栄を張らなきゃ生きやすくなる。ブランド品なんて俺に言わせりゃ馬鹿みたいなもんだよ。そんなモノのために余計に働いて、アホみたいなカネ使って。着る物なんか何だっていいんだよ。身に過ぎて欲張ったたって仕方ないだろう。とかく人間は過去を背負いたがる。けど、背負い込んだって意味がないんだよ。

どんなことになっても前を向いて生きなきゃよ。今日一日を生き切る。人間なんて、それでいいんだぜ」

唯一の気がかりは、今では44歳になる一人娘のこと。「死ぬまでに一目会えたら」と切望するが、たとえ会えても現在の生活を隠したり恥じる気持ちはないという。

「俺らのことを『ごくつぶし』とか『役立たず』とか言う奴もいるけど、こうなるまではちゃんと働いて税金だって納めてた。いつの時代も世渡りがうまくて、したたかな奴が大手を振って生きるのさ。図太い奴がな。道行く人間が『年取って、あんなふうにはなりたくない』と思って気を引き締めるなら、それで十分社会の役にも立ってるってもんよ。若いのにチャレンジもしないで、生活保護でぬくぬく生きてたり、引きこもってニートやってる連中のほうが、俺らからすればよっぽどごくつぶしの役立たずじゃないか」

人生の終盤・終末を〝路上〟で迎える高齢者たち。

こうした実態が論じられるたびに口の端にのぼるのが、「これまでに稼いだ金をなぜ蓄えていないのか。老後を考えなかったのか」といった「自己責任論」だ。

前出の大西氏が言う。

「自己責任として個人のせいにするのは一番安易な考え方で、切り捨てても意味はなく、現実的な問題解決には至りません。また、貯蓄や人生設計の不備を挙げるなら、『素地』を抜きには語れない。個人の資質を問う前に、周りの環境や生い立ち、働き方を考慮する必要があるからです」

誰がホームレスになってもおかしくない

たしかに、出会った年配の路上生活者、生活困窮者のなかで裕福な家庭に生まれ、家族関係に恵まれて育った人はいなかった。知識習得の重要性を自覚し、高度な教育を受け、将来を踏まえた金銭管理感覚を養って貯金の習慣を持つ人にも巡り合えなかった。それどころか、年金制度すらいまだよく理解していない人のほうが多いのだ。

加えて、彼らのなかにも様々な能力差があり、生活レベルの高低差も激しい。

同氏が言葉を続ける。

「10年路上で暮らしてきて、炊き出しを知らなかった人もいます。生きづらい人、より不器用な人ほど、マジョリティ社会での耐性は低い。自己表現もできず、S

OSの出し方すらわからず、他人や情報にコミットできずに、制度や支援の枠からこぼれている人の裾野は広い。今や65歳以上の相談者の8割は健康状態において、見た目にはわからない病気や障害を抱えている人も少なくありません。その社会で、時代で、必要とされる人が変わるように、困っている人もまた変わる。貧困の形態が変わり続けるなかで、誰がいつ困窮者になってもおかしくないのです」

わかりやすい例として、彼は「マンモス狩り」を挙げる。

「太古の昔の時代にはマンモスを狩れる人がヒーローであり、一番求められる人材でした。現代で成功者とされるIT起業家がもし、その時代に生まれたとしたら、果たしてどれだけの能力を発揮できるでしょうか？　もしかしたら現在、排他されている人のなかにマンモスを倒す卓越した能力を持っている人がいるかもしれない。今の時代に求められる労働ができないからといって、その人たちすべてを不要視する思考は、実は大変危険なのです」

ほんのわずかな時代のズレや環境の変化で、持てはやされ、大事にされる人が万華鏡のように入れ替わる。未来永劫、安泰かつ保障される職業や生き方などない。時の流れとともに目まぐるしく変わる〝花形の職業〟がそれを何より物語っているではないか。老いた自分に果たして何ができるのか、どれほど時代に求められるのか、一体誰にわかるというのか——。

秋が過ぎ、冬となって彼らの居場所だった公園の一角はキレイに清掃され、生活痕は跡形もなく掻《か》き消されていた。

夏に話を聞いたうちの一人だった61歳の男性は、年齢と素性を偽って、福島の除染作業へ向かったのだと、のちに仲間の一人から聞いた。

第6章 孤立死

単身住居者が誰にも看取られず一人で死に至る「孤立死」は、全国で年間3万人にものぼるとされる。予備軍となる、自宅に“閉じこもる”高齢者たちの実態とは

孤立死の7割が男性

うず高く積まれたコンビニ弁当のトレーや、黒ずんだ汁が残る多数のカップ麺容器。酒瓶や空き缶、ペットボトルが転がり、レジ袋が散らばるゴミの山と化した室内には、扇風機やストーブなど壊れた電化製品とほこりを被った電話機が佇《たたず》む。カビの生えた壁、煤《すす》だらけの天井。足の踏み場もなく、床さえ見えない部屋の隙間という隙間からゴキブリが飛び出て来る。どの水周りも長く掃除した形跡がなく、排水溝からは強烈な腐臭が放たれ、水垢がこびりつき、脳天を突き裂くほど酸味を帯びた臭気が部屋一帯に漂う――。

「孤立死」とされる現場で幾度となく目にしてきた光景だ。

単身居住者が誰にも看取られず、一人で死に至る「孤立死」は、全国で年間3万人にものぼるとされる。

ただし、現下では明確な定義がなく、状況も多岐にわたるため、公式のデータや具体的な統計は乏しいものの、現実として「圧倒的に男性が多く、7割方を占める」というのが、案件に携わる関係者一同の一致する見解だ。

「孤立死」という言葉の響きから一般に、ほとんどが体力の衰えた後期高齢者であるかのように把握されがちだが、現実には「75歳未満の男性」が多数を占めている実態がある。事実、東京都監察医務院が公表している「東京都監察医務院で取り扱った自宅住居で亡くなった単身世帯の者の統計（2019年）」においても、50～74歳男性が全体の40・6％を占め、75歳以上の男性（22％）に対し、倍近いスコアとなっている。トップゾーンは65～74歳男性で、全体の36・3％。増加傾向が顕著になり始める50代からの男性すべてを合わせると、実に62・6％にものぼる。

なぜ、中高年の単身男性に孤立死する人が多いのか。

これには、他者とのかかわりを拒絶して社会的接点を持たず、自宅に閉じこもって暮らす彼らの生活様式との因果関係が否めない。

ゴミに占領された〝閉じこもり〟高齢者の部屋

「放っておいてくれ、もう来るな！　孤立死の何が悪い!!　一人で死ぬんだ、孤立死バンザ～イ！」

地域支援包括センターのケアマネージャーに同行して取材を試みた際、ある独居男性（79歳）はチェーン鍵をかけたまま、薄く開いたドアの向こうで叫んだ。

「『かまわないでくれ』と居留守を使ったり、いくら訪問しても窓から少し顔を覗かせるだけで玄関を開けようとしない高齢男性は決して少なくありません。家のドアは心の扉と同じ。頑なに外部との接触を避け、人の介在を拒み続ける〝閉じこもり〟の高齢者宅は、得てして物やゴミが室内に散乱し、場合によっては排《はい》泄物《せつぶつ》も溜め込んでいます」（都内・民生委員）

誰とも交流を持たず自宅に閉じこもったまま、ゴミの中で一人、最期を迎える高齢者はあとを絶たない。〝閉じこもり〟生活者は、最も確率の高い孤立死予備軍とも言い換えられる。


神奈川に住む44歳男性は、かつて父親（享年65）を兵庫の自宅マンションで亡くした。

「死後10日を過ぎて、異臭から発覚したんです。定年後は悠々自適に暮らしているとばかり思っていたので、惨状はショックでした」

物があふれ、ゴミが山積した室内は、几帳面な性格だった父親からは想像もできなかったことだ。

「他界する2年前に離婚して、父は一人暮らしになりました。けれど、預金や年金も十分にあるし、たまに連絡しても『問題ない』と言っていたので安心していたんです。認知症などになったら対処するつもりでしたが、年齢的にもまだずっと先だと考えていた」

しかし、実態はテレビ鑑賞と読書で家に閉じこもりきりの生活で、食事はもっぱらレンジ食品を利用。自炊した形跡はなく、洗濯すら滞っている状態だった。郵便物や電話料金明細書から、至近1年はほぼ誰とも交流がなかったのを知り、「もっと頻繁に連絡を取るべきだったかもと思うけど、とっつきにくく、かんしゃく持ちの父が苦手だったのも事実。子どもの進学など、自分も家族の生活に手一杯で、『何か言ってこない限り、構わないのも親孝行』の認識でいました。とはいえ、家事代行サービスを手配するなどできることはあったと思うと心残りだが、仕方ない」と、嘆息する。

同じく、都心の高層マンションの一室で父親（享年66）を亡くした、茨城在住の39歳女性が当時を振り返る。

「出席予定の同窓会に現れず、何度電話しても通じないのを不審に思った同級生が、3日続けて訪ねてくれたんです」

しかし、発見までには労を要した。入口には二重のセキュリティ・ロックがあり、自宅ドアは特殊仕様のオートロック三重鍵で完全な密室状態。分譲マンションのため管理会社にも合鍵がなく、結局、消防車が12階のベランダのガラスドアを割って入室し、ようやく遺体が確認された。愛妻と死別して1年が過ぎ、生活を一新するために転居した矢先のことだった。

「雑然とした室内で、1週間も裸のまま浴室で倒れていたのが不憫《ふびん》でした。甲斐甲斐しい母がいなくなって、庭付きの持ち家は荒れるばかりとなり、処分して私がマンション購入を勧めたんです。防犯と利便性を第一に選んだのがこんな形で仇《あだ》となるなんて……」

死後1週間以上発見されない亡骸《なきがら》は決して珍しくない。そして、天涯孤独、貧しい層だけが孤立死を迎えるといった事実もない。先述の2件のように、普通の一般家庭で突然に見舞われる〝日常〟なのだ。

離婚や配偶者との死別で〝生命線〟が断たれ……

1万件に及ぶ死後の整理に携わってきた、遺品整理専門会社「キーパーズ」代表の吉田太一氏が指摘する。

「多くの中高年男性にとって、離婚や死別による伴侶との別れは、文字通り生命線を絶たれるのと同じです。なかでも高度経済成長期にがむしゃらに働いてきた世代では、プライベートに費した時間が乏しい。家事や子育ては専業主婦の妻任せで、子どもとの繋がりも薄く、仕事以外での社会性が培われていない場合が少なくないのです」

都内で孤立死した独居男性（享年70）の生活ぶりと室内の有り様はその典型だった。

67歳で突然妻に先立たれた男性は、家事の一切を妻に頼っていた元〝仕事人間〟。食事の支度はおろか、掃除、洗濯、ゴミ出し、すべてに不慣れで、日常生活は一変した。

食事はコンビニ弁当やインスタント食品のみとなり、洗濯が面倒で洋服は何日も同じものを着続ける。物は出しっぱなしにして片付ける意思も気力もなく、溜まり続けるゴミとともに放置。それら一切が3DKマンションの室内に徐々に積み上がっていく。

男性本人に近所付き合いはなく、気位の高さから周囲へ助けを乞うことも、他県に住む息子や娘にも泣きつくこともできない。気晴らしのための飲酒量ばかりが増して、そのうちに体調も悪化。足腰が弱ってトイレへの移動も難儀になり、鍋やレジ袋内に排泄を済ませ、汚物までもが散乱し始めた。

前出の民生委員が続ける。

「室内の状態がひどくなると、人に知られまいとして、さらに他者とのかかわりを拒むようになります。一度社会との接点を断ち切ってしまえば、あとは自らの殻を厚くして閉じこもることに腐心する。外界からの適切な働きかけがない限り、自然な自己回復はあり得ません」

男性は死後約3カ月、大人の胸元辺りまでうず高く積まれた物とゴミの隙間で、糞尿《ふんにょう》まみれの遺体となって発見される。清掃が済んだ状態で室内に入るも、独特の悪臭は窓サッシの溝にまで沁《し》みこんでおり、強烈な目眩《めまい》と吐き気に襲われた。

「電化製品などを拾い集めては自宅の敷地内へ溜める〝ゴミ屋敷〟は主に一軒家

に多くて人目につきやすく、行政の立ち入りや集積所が廃止されるなどして減少傾向にあります。一方で、惣菜トレーやペットボトルなどの生活ゴミを室内に溜め込む〝ゴミマンション〟〝ゴミアパート〟は、ドア1枚で中が窺い知れないこともあり、近年急増中です。積雪のごとく、1・8メートル超の惨状も珍しくなく、1メートル進むのに2時間を要する部屋もあるほどで、高齢者においては『干渉しない、されたくない』と、自身の人間関係を排除する『砦』的役割すら担っています」（前出・吉田氏）

孤立死と十余年向き合ってきた「まつど孤独死予防センター」所長の中沢卓実氏は、「定年後に生き方がわからないまま自宅に閉じこもる単身男性はきわめて多い。いかにして家から出させるかが孤立死予防のカギなのです」と声を大にする。

第二の人生として、意気揚々とボランティアや地域活動に踏み出しても、積み上げた仕事人間としての習性やキャリアが、時に弊害として立ちはだかる。

「相応の役職で退職を迎えている人が多く、常に上から目線で下の者へ指示する感覚が染みついてしまっているんです。会社が完璧な縦社会なのに対し、近所付き合いや地域活動は全くの横社会。しかも主役は女性で、同じ目線に立てず、命令口調や横柄な態度から総スカンを喰《く》らって、『こりごり』と、引きこもる高齢男性はあとを絶ちません。とくにエリートやインテリほど理屈に強いが現実に弱く、フラットな人間同士のかかわり方を体得しておらずに、孤立してこもり切りになる確率が非常に高いのです」

その上で、長年連れ添った伴侶を欠けば、生活基盤とともに社会と繋がる窓をも閉ざしかねない。

孤立死の現場が総じてゴミの山になりがちなのは、「ゴミ出しのルールがわからないからなのです」と同氏は説く。

「生活全般を奥さんに頼り切っていた男性ほど、失った途端に『ないない尽くし』に。整理整頓、食事の支度、ゴミ出しの他、地域交流、身内との連絡など、どれもお手上げ状態となってしまう。なかでもゴミ出しは一度間違った出し方をして注意されると、恥と体裁から家の中へ溜め込む傾向が顕著です」

「男のプライド」が他者を拒絶させる

無闇にSOSを出せない、弱音を吐けないという父親や男としてのプライドも孤立死を招く要因に成り得る。

都内の高齢者専用住宅に住む72歳男性は現役時代、一部上場企業の部長職に就いていた。

その彼が「死にかけて初めて、見栄と虚勢を捨てられたんだよ」と、照れ笑いを浮かべながら話す。

生きていれば2年後に金婚式を迎えるはずだった愛妻が4年前に急逝。一転して生活が荒《すさ》み、飲めない酒を鯨飲《げいいん》する毎日が続いた。

「『これじゃいけない』と頭ではわかっていても、立ち直るきっかけも、術もなくてね。酒で紛らわすしかなかった」

嫁いで北海道に住む一人娘には迷惑や負担をかけたくない。さりとて近所に頼るべき相手もいない。ウマの合わない弟に弱音は吐きたくない。誰にも助けを求められないまま半年が過ぎた頃、玄関前で意識を失って倒れているのを巡回中の警察官に救われた。

「室内にいれば間違いなく孤立死していた。人間とはおかしなもので、あれほど妻の元へ行きたがっていたのに、いざ本当に逝きかけると、『生きていたい』と切望する。目の覚めた思いで、退院後は娘にすべてを打ち明け、専門家にも相談し、緊急時のケアとサポートが受けられる専用マンションへ引っ越したんだ」

5日間の入院を経て自宅へ戻った際、日数分の朝刊と夕刊が玄関前に無造作に放られていた光景を目の当たりにして、つくづく現実を思い知ったという。

「通報もなかったと聞き、親交のない近所なんてこんなものか、と。一人で死ぬ覚悟はあるが、対応や発見が遅れては誰の得にもならない」

翌年からは料理教室に通い始め、簡単な自炊もできるようになったと胸を張る。

「妻を亡くして以来、食べる物には本当に苦労したからね。会社で億単位のカネを動かしてきても、目玉焼き一つ満足につくれない自分が情けなかった。『男子厨房《ちゅうぼう》に入らず』と虚勢を張って、寿命を縮めている場合じゃないと悟ったよ」

生き方を変え、自身で生活環境を整えられれば、違う未来も開けてくる。

「孤立死は『そうなりたくない』と思えば、本人の努力次第で確率を低くできるもの」と、先の吉田氏が付言する。

「孤立死に至るケースは、生きて行くうえでのバランスを欠いた、もしくは放棄した人が大半を占めます。室内にほぼ必ず壊れた電化製品が放置されているのが顕著な例で、『壊れたら修理する』『汚れたら拭く』といった、元へ戻そうとする調整機能が働かず麻痺したままでいる。社会との繋がりを絶って長くいると、正常のラインがわからなくなり、ついには戻す必要性も見当たらなくなってしまうのです」

ちなみに、誰にも看取られずに一人で息絶える死に様について、当初は一様に「孤独死」と呼ばれていた。一時期には各種メディアで大々的に報じられ、その語感のセンセーショナルな響きからも広く一般に名称が認知されたが、のちに政府や行政も含めて言い方を「孤立死」と改める動きも一部で続いている。

というのも、一人でいることが「孤独」（＝頼りになる人や心の通じる人がなく、一人ぼっちで寂しいこと）であるかどうかは本人の主観の問題であり、外部から特定できるのは「孤立」（＝一人だけでいること）の状況のみである、との見解からだ。

一人でいることを選び、楽しんで過ごしている人と、誰からも相手にされずに見捨てられている人とは違う。

社会参加を続け、周囲とも日常的な交流があったが、一人暮らしでいたため、たまたま死の瞬間が一人のときに訪れて、すぐには発見されなかったケースと、自ら他者を拒み、打ち捨てられて社会的に孤立したまま一人で絶命し、長い間気づかれなかった場合とでは意味は大きく異なる。

こうした実状を区分したり包括したりして語るのは困難なため、一括して「孤立死」（＝一人の状態で亡くなった死）と呼ぶ流れも一方であるのだ。

前述のとおり、孤立死にはいまだ確固たる定義はないが、総じて「自宅で誰にも看取られずに一人で死に至り、亡骸が相当期間放置されていた」事例を指すことが多い。ただし、発見されるに至る日数の定義も曖昧なら、死の種類による分別（どれを含めて何を排除するか）、判断する基準も見当たらない。

死因も千差万別だ。眠るように息を引き取っている場合もあれば、脳卒中などに代表されるような突然死、熱中症などの衰弱死や中毒死、階段を踏み外すなどの事故死、餓死や、自ら命を絶つ自死（自殺）にまで及ぶ。

このため、すべての事例を十把《じっぱ》一絡《ひとからげ》にはできないが、最も注視、問題視されているのは、冒頭から触れているように、他者との接点を持たず、自宅に閉じこもりきりになって「自室で行き倒れ」のような状態のまま、少なくとも4日以上放置されているケースだ。

孤立死〝予備軍〟64歳男性の生活

取材を進めるなかで、明らかに〝予備軍〟を直感させる男性に出会った。

2年前から埼玉の2Kアパートで一人暮らしを始めた64歳男性は、「この部屋でいつ死んでてもおかしくないよ」と、半ば自嘲気味に苦笑する。

散らかった室内にはお茶と焼酎の2リットルペットボトルが点在し、ゴミ袋にはスーパーの見切り品惣菜の食べカスに小バエとゴキブリが集まっている。流しに溜まった腐水からはすえた臭いが漂い、トイレや洗面所は黒ずんだ汚れが覆う。部屋の片隅に追いやられていた旧型のプッシュ式電話機は久しく使われた様子がなく、受話器にも、プッシュボタンの上にもうっすらと塵《ちり》が積もっていた。彼の生活圏らしき折り畳みテーブルの周りのみ床に置かれた物が少しだけよけられており、フローリングのこげ茶の木目がわずかに顔を覗かせている。

まさに冒頭で示した〝現場〟と見紛《みまが》う様相だが、「お迎えが来るのはお天道様任せ」と本人はどこか冷めた風だ。

27歳で見合い結婚して一男一女をもうけたが、62歳の退職と同時に離婚。「会社とかかわりのない場所へ」と、社宅を出て現在のアパートへ転居した。

「昔は結婚するのが当たり前だったから、さして好きでもない女と一緒になって子どももつくった。だけど、結婚が不向きな男だっている。もともと人付き合いは苦手で、女房や子どもにも執着や関心は薄かった」

元妻は「どこでどうしているか知らない」し、子どもたちとも音信不通のままだ。

4人の兄妹とは8年前に父親の葬式で顔を会わせたきりで、転居通知も「面倒」と出さずじまいでいる。

年金生活は「贅沢しなければ不自由しない。大きな楽しみもないが、ひどくつらいこともない」日々で、近所に顔見知りもできたが、「話し込むほど話題も興味もない」とそっけなく呟《つぶや》く。

地縁、社縁、血縁がすべて絶たれた状態は「孤独だけど、気楽。寂しさは、ある時期のピークを過ぎると何も感じなくなる。取り立ててやることもなく、ただ毎日が過ぎていく感じ。『いずれこのまま死ぬのかなぁ』と思ったりするけど、死んだ後のことなんてどうでもいいし、考えたくないよ」と、ぼんやり視線を宙に浮かすのだった。

新聞や牛乳を取ることもなく、「かける相手も、かかってくる人もいない」ため、携帯電話も不所持だ。それどころか「人と話すのは1週間ぶり」だと言う。

もしこのまま急死でもしたら、ほぼ間違いなく4日以上は発見されないだろう。夏場なら3日ほどで亡骸《なきがら》にウジが湧き、2週間もすれば室内はハエとゴキブリで一杯になる。その後はドロドロに朽ち果てていく実態を説いても、どこ吹く風。

「生きている間に迷惑かけていない分、死んだ後に少しくらい面倒起こしたってバチは当たらないんじゃないの」と切り返される。

室内の有り様と一連のやり取りには、彼が生きること自体を億劫《おっくう》に思い、生活全般をすでに放棄しているようにも感じられた。

「厄介ごとにはかかわらない」という空気

生活に足る経済力があれば、無縁のまま生き続けられるのが現代社会だ。閉じこもりの生活を貫き、孤立死への道を増長する背景には「自活可能な経済力」を抜きに語れない。これに、過剰な「プライバシー保護」の空気が追い討ちをかける。

三十余年にわたり葬祭業に従事してきた家族葬専門葬儀社「オフィスシオン」会長の寺尾俊一氏が言う。

「本人が望めば『(自宅から)一歩も出たくない』が許され、認められる世の中です。『厄介ごとにはかかわらない』時世において、孤立死の現場は最も敬遠されるもの。第一発見者は容疑をかけられることもあり、何かと手間や面倒がついて回るため、〝死んでいるらしい〟気配があっても『誰かが通報してくれれば』と先送りされ、発見が遅れる事例は多数にのぼります」

これには〝お年寄り〟と呼ぶにはまだ若く、自活能力のあることが裏目に出る。

例えば、生活保護受給者や後期高齢者の場合では民生委員や家主などが注視し、場合によっては定期的な訪問も受ける。介護保険のサービス利用者宅には絶えず人の出入りがあり、高齢になるほど施設入居率も増える。が、経済力があって、見た目に健康そうな中高年男性は周囲からも注意を払われにくいのだ。

「新聞や牛乳の配達員も、配達物がかなり溜まっていても『旅行かもしれない』

『詮索《せんさく》するのは失礼』と、見過ごすケースは多い。また、故人が離婚した男性の場合では、別れた妻へ連絡を取ってもほぼ九分九厘、赤の他人扱いで取り合ってはもらえません」（同前）

　近年、東京都監察医務院に搬送される高齢者の遺体の3割が孤立死とされるが、自宅で一人で事切れた際、最も問題なのは「いつ発見されるか」だ。死因や状況、季節にも左右されるが、1～2日以内であれば亡骸の傷みも比較的少なく、搬送や検証、のちの現場処理の負担も軽くて済む。無論、時間が経つにつれ遺体は腐敗が進み、壮絶な悪臭を放ちながら凄惨な姿に朽ち果てていく。畳や床には溶けた皮膚や肉が、壁や天井には強烈な臭いが、日を追って奥深く浸透し続ける。

　県警鑑識官が重い口ぶりで語る。

「どんな密室の遺体でも、大抵は必ず数日でウジが湧きます。口や肛門から入ったウジ虫は体中から内臓や筋肉を食い荒らし、遺体を膨らますように皮膚の下からボコボコと動く。次いでゴキブリやネズミが集まり、過去にはゴキブリの甲冑《かっちゅう》を着ているのかと見間違えたほどの亡骸もありました。さらには、カツオブシムシという虫（甲虫目カブトムシの一種）がたかって干乾びた肉を食べ尽くし、白骨化した遺体もある。現場は作り物のCG映画の比ではなく、直視に耐えない光景と凄まじい悪臭に失神した同僚もいます」

その上で、のちに「誰がどのように家を片づけるか」の問題が続く。主人を失い、引き取り手のない物品はすべて、主の死の瞬間を境に膨大な量の不要品と化す。時間と体力のある親しい血縁者が近くにいれば話は別だが、縁者が遠方にいたり、体力の乏しい高齢者ならば、とても身内だけで片づけられるものではない。それがゴミ部屋だったり、発見が遅れた悪臭と虫の巣窟であったら尚更《なおさら》だ。業者に依頼すれば最低でも十数万円を越す費用がかかるが、故人の縁者が不明だったり拒否したりなどすれば、賃貸物件ではやむなく、家主がすべてを負担せざるを得ないケースも相次いでいる。

前出の中沢氏が言う。

「遺体の腐敗が進んで長く放置されていた場合、遺品をはじめ、あらゆる物に臭いが染みつく。集合住宅では、下階の天井からも臭い続けるほどです。壁紙や畳、床を剥《は》がして何度消毒しても早々には臭気が抜けず、場合によっては半年から1

年くらい、室内をがらんどうにして外気を通す必要も生じます」

事実、臭気の凄まじさは筆舌に尽くしがたい。警察官や清掃業者、葬儀関係者などが皆一様に「何と表現したらよいかわからない臭い」と口を揃えるのも頷ける。どの現場に立ち入っても、あの独特の臭いを言い表せる妥当な言葉は見つからない。とにかく「凄まじい臭い」としか言い様がないのだ。どれだけ言葉を尽くしても、現場の悪臭を他の何かの臭いで代弁して伝えるのは不可能だろう。それほどに日常生活のなかで誰もが知っている臭いとは〝種類〟が違うのだ。

数々の現場では必ず防塵《ぼうじん》マスクをして臨んだが、帰宅後に鼻をかむと決まって真っ黒な鼻汁が出てくる。これがまたとても臭い。加えて、何度風呂に入っても数日間は〝あの臭い〟が抜けない。食事をするときもすべてが〝あの臭い〟に侵されてしまう。

後で知ったが、鼻腔の奥の窪《くぼ》みに現場のホコリで生成された「臭い玉」のような物体が居残るのだ。これが鼻の中にずっと居座るため、数日後に鼻をかんだ際にようやく外に出てくるまでは、いつまでも臭いに悩まされることになるのだった。

若手の鑑識官のなかには「現場がトラウマになって転属願を出したり、退職したりする者もいる」（前出・鑑識官）というのも、無理のないことだと思わざるを得ない。

幼少時に数回会っただけの叔父の遺体を引き取る

ではここで、孤立死が発見されてからの一連の流れを簡単に辿ってみよう。

まず、通報を受けた警察の現場検証が行われる。遺体の外傷を確認し、直腸温度を計って大まかな死亡時刻を暫定した後で、亡骸はいったん、警察署へ搬送される。親族や身元保証人には、この前後で連絡が取られ、医師による検案と必要に応じて解剖が行われた後は、明らかに事件性のある場合を除き、遺体は遺族の引き取りとなる。引き取り拒否や引受人不在の場合では福祉事務所等、市区町村での行政扱いとなるが、いずれの場合も処遇が決まるまでの間は、葬儀業者の保冷庫で保管されることが多い。

故人が単身者の場合では、相続の対象となる甥《おい》や姪《めい》が一報を受けるケースも少なくない。

「最初は誰のことか全くわかりませんでした」と、5年前に叔父の訃報を受けた埼玉在住の48歳主婦が回顧する。

「突然、大阪府警から『○○さんが亡くなったので遺体を引き取ってほしい』と電話がかかってきたんです。まるで覚えがなく、十数分の押し問答の末、ようやく亡き父の音信不通になっていた弟だとわかりました」

血縁とはいえ、大阪に住んでいた幼少時に数回会った記憶しかない。

「写真もなく、顔も思い出せない。唯一の思い出は縁日で妹と一緒に綿アメを買ってもらったことだけ。母は特養施設に入居中で相談できる状態になく、夫と話し合って私が引き取りに行くことにしました」

大阪へ出向いて亡き叔父と対面し、早々に火葬した後は、居住アパートの片付けと清掃を業者へ委託して諸手続を済ませた。その後、埼玉へ戻って亡父の墓に遺骨を埋葬した頃には「すでに100万円を超す出費になっていました。見過ごせなかったとはいえ、叔父に遺産はなく、実のところ『降って湧いた災難』の心境でした。幸い、死後2日で発見されたため室内の汚れが少なく、清掃費用が低く済んだのがせめてもの救い。ピンクの綿アメ1個が随分と高くついたものです」と苦笑した。

「血の繋がり＝頼みの綱」にはならない

福祉葬を多く手がけ、直葬の専門ブランド「ダビアス」を展開する葬儀社「神奈川こすもす」の清水宏明代表が打ち明ける。

「搬送費用や保管料等を含め、引き取る場合は火葬までに最低でも30万円は必要です。これに遺品処理や納骨での費用も加わるため、『気持ちはあっても経済的に引き取れない、引き取りたくない』という遺族も大変多い。近年、火葬だけで送る〝直葬〟が増えている要因の一つでもあり、たとえ血縁であっても、関係が密でなければ知人以下の扱いとされるのが偽りのない現実なのです」

近年、親きょうだいとも縁が切れて〝無縁〟化する実態について、高齢者の身元保証と生活支援を行うNPO法人「きずなの会」の杉浦秀子・東京事務所所長（当時。現「一般社団法人フェリーチェ結う」代表）が指摘する。

「身内から見放されている人は、それなりの経緯があってかかわりを拒否されている場合が多いのです。たとえ今は好々爺でも、過去に金銭トラブルや暴力、浮気などいろいろな諍《いさか》いを起こしているケースも少なくありません。また、親の遺産相続でもめて、きょうだいが疎遠になる中高年は相当数にのぼります。さらに、賃貸住宅や施設入居の保証人を依頼して断られると、その瞬間に縁も絆《きずな》も切れてしまう。一度亀裂が入ると、他人でないだけに妥協して譲り合えず、関係修復は不可能となって、血縁がいてもいないのと同じ状態に陥るのです」

今や必ずしも〝血の繋がり＝頼みの綱〟にはならない。核家族化が進み、親戚付き合いも「煩わしい」と疎遠になりがちなご時世で、住まいすら世界規模で点在化している。

前出の清水氏が続ける。

「いくら関係が良好でも、血縁者が遠方にいたり、かかわりのある人が近くにいなければ、誰でも孤立する可能性があります。孤立死に関しては、周囲にどれだけ『人がいるか』ではなく『縁を築けているか』がポイントで、住まいの大小も、貧富も関係ありません」

薄い壁で仕切られた簡易宿泊所でも、腐乱死体となってから発見される孤立死もある。一方で、川辺のテントを住処とするホームレスの高齢者が、死の数時間後に仲間に見つけられ、適切に対処されて手厚く葬られたケースもあれば、親子で住む二世帯住宅で1週間以上放置された遺体が近隣者の通報で搬送された事例もある。

実際、〝誰にも看取られずに一人で逝く〟といっても、内実は様々だ。

農村地では田畑の中で一人倒れたまま、数日以上見つけられなかった死もあった。

溶けた肉がドロドロになるまで、24時間風呂で延々煮込まれて白骨化した遺体や、和式トイレで力んだ拍子に脳出血となり、トイレットペーパーを握り締めて仰向けに倒れたまま、ミイラ化して発見された亡骸もある。

また、主の死がわからず、腐り始めた遺体に幾度となく頬ずりをして、体の一部を血塗《ちまみ》れにしながら寄り添う飼い猫と一緒に発見された高齢女性や、密室で亡き主人の腕を食べて命を繋いだ愛犬とともに見つけられた初老男性もいた。

加えて、自身の価値観と生き様に準じた孤立死もある。

「国の世話になるなら死んだほうがマシ」と、生活保護を受けずに困窮した生活を続け、病院にも行けずに栄養失調から死に至るケースや、未婚の年配女性が「人前で裸になったり、肌を晒《さら》したりするのは恥」と検査や手術を拒んで病気を進行させ、自室で死を迎えた例もある。

「己の信念に基づいて、孤高に死ぬのは立派なこと。ただ、発見が極端に遅れることが問題なのです」と、法医学に携わる医師が断言する。

「突然に襲われる脳溢血や心不全での急死は、絶命までにわずか数秒から長くても1分以内の猶予しかありません。死においては、とかく助かるのを前提に議論されることが多いが、突然死の場合、たとえ名医が側にいても救命はかなわないのです。老人の定義は『死を待つ人』で、高齢者は脱水だけで簡単に死に至ります。その〝瞬間〟を一人で迎えるか、周囲に人がいるなかで終えるかは、多くの場合で天命に左右されるのだということを、誰もがまず前提として踏まえておかねばならないでしょう」

問題は一人で逝くことではなく発見されないこと

一人きりで命を終えた事実を、「わびしい」「かわいそう」などと一方的に憐れんで同情するのは早計だ。一人で暮らしていれば当然、一人で死ぬ確率は高まる。なかには「立つ鳥跡を濁さず」とばかりに、死後に最小限の面倒しかかからないよう入念な準備をして、一人穏やかに旅立った高齢男女も少なくないのだ。

そして、大勢の人に看取られたといっても、それが本人にとって幸福であったかはわからないケースも多い。

医師から聞いた最も顕著な例がある。

入院中だった80代の資産家男性が危篤状態になったが、臨終の間際、一時的に意識を取り戻した。目を見開いた瞬間、彼の視界に入ってきたのは、彼のベッドの周りをぐるりと取り囲んだ親族二十数人が遺産相続について大声で罵《ののし》り合っている姿だった。

その有り様を見て本人は「俺は……死ぬのか！」と最後の一言を発して意識を失い、2時間後に死亡したという。

人生の最後に目にした光景が、子や孫が入り乱れての醜い罵倒合戦であったこの老人の最期は、果たして幸せだったと言えるのか。「終わりよければすべてよし」の逆もまた真なり、とすれば、あまりにも悲しい最期だったと言えなくはないだろうか。

「死」は誰にも平等に訪れる。微笑んだような死に顔でいる「孤立死」の亡骸もあれば、近親者に看取られても苦渋に満ちた顔のままの遺体もあるのだ。

先の医師が付言する。

「人の死は、野生動物のように放置して勝手に朽ちていくことが許されず、死後は必ず誰かの世話になる。そして発見が遅れるほど、人としての尊厳が遠のいた姿で〝死に恥〟を晒すことになります。〝一人で逝くこと〟自体に非はありません。ただ、避けられない事態に備えて、早期発見の手段を講じておくべきでしょう」

孤立死の背景とされる〝無縁社会〟が語られる際は、決まって家族関係や地域コミュニティの崩壊が問題視されるが、前出の吉田氏は「『壊れた』のではなく、時代に沿って『変化した』もの」と前置きして続ける。

「世間的に『孤立死』は、とてつもなく大変で特別な扱いをされますが、実際には連日、起こるべくして起こっている現実で、時の流れとともに死に方が変わっただけのこと。そうした自然の成り行きは、無闇に止めようとしても無理でしょう」

各々の自立した経済力、壁やドア１枚で守られるプライバシー、他人からの不干渉と無関心――どれも近代日本の社会が「豊かで快適な生活」のために希求し、叶《かな》えてきたものではなかったか。多々の理想を果たして、昨今の暮らしを築いたのではなかったか。皮肉にもそれらが、現代の孤立死を日々生み出し続けている。

前出の鑑識官が言う。

「ジンクス的に、夏が暑かった年の冬は逝く人が増える。ここ数年はずっと酷暑が続いており、高齢者の死が多い12～2月はとくに気を引き締めてかかります」

主が亡くなった1DK住居の片づけと清掃には、専門作業員が3人がかりでも半日以上を要する。

玄関ドアを開けた瞬間にゴキブリの雨が降ってきた〝閉じこもり〟の高齢男性宅も、午後になると腐って変色した畳が徐々に現れてきた。故人ゆかりの品は作業員の手で手際よく専用箱に詰められ、次々と機械的にトラックへ運び込まれていく。

空っぽになった部屋の片隅には、昭和50年1月1日の刻印が押された「愛国から幸福行き」の古びた切符が落ちていた。

シニア婚活パーティ＆不倫サイトに集う人々

長寿化により、色恋を楽しめる期間も大幅に延長された。還暦を過ぎて結婚を望む男女も珍しくなくなり、シニア向けの婚活パーティや、「中高年、熟年の出会い」を謳《うた》ったサービスも急増している。一方、メディアでは「死ぬまでセックス」などと高齢者の性を煽る企画が増え、性愛の充実を促す内容も目立つ。

近頃の彼らの恋愛・結婚観と性事情はどうなっているのか。現状を探ってみることにした。

Column

「加藤茶が理想でね。彼はいいよね、すごいよね」

「2011年の大震災以降、高年齢層の婚活者が急増しました。また、親を介護中の未婚の高齢男女が、『親が亡くなったらいよいよ一人』を自覚して、相手探しを始める事例も少なくありません」（中高年専門の結婚情報サービス会社「茜会《あかねかい》」チーフカウンセラー・立松清江氏）

まずは婚活現場に潜入してみる。低予算で気軽な出会いが可能な婚活パーティは、他の世代と同じく、主催も民間や自治体など様々だ。会員制か、フリーで単発参加ができるものかに分かれるが、いずれも身分証明書の提示が必須で年齢や身元は偽れない。基本的に男女とも年齢別にエントリー資格が区切られており、アラフィフの筆者は関東甲信越で開催の「男性60歳以上、女性45歳以上（または制限なし）」の8つのパーティに参加してみた。規模や地域差はあるものの、全体の流れやシステムは大同小異だ。

その一つ、都内で行われたお見合いパーティでは、まず、小さな椅子とテーブルが置かれたホールに男女各20人ほどが通される。番号札を胸につけ、プロフィールカードに名前や年齢、趣味や休日の過ごし方、職歴、婚歴などを記入して開始を待つ。男性用カードの「年収」欄が、女性用では「得意料理」となっているのが興味深い。

女性は50代半ばから60代が中心で、鮮やかなローズピンク色のスーツ姿のマダムをはじめ、皆相応にオシャレしていて気合いのほどが窺《うかが》える。

対する男性陣にスーツ姿はまばらで、大半はシャツにスラックス姿。ただ一人のみ、白パンツに黄色いセーターを肩から〝石田純一風〟に掛け、頭にブランド物のサングラスを乗せた、バブルファッションでキメていた。

最初に、男女が番号順で向かい合わせに座り、プロフィールカードを交換して自己紹介と簡単なアピールタイム。数分で男性側が席を移動し、一巡して全員と顔合わせする。

「僕は今、〇〇企業に勤めておりまして」と、緊張した面持ちで口を開く64歳もいれば、いきなり「あなた出身地はどこ？」と顎《あご》をしゃくり上げて横柄に聞く70歳まで、62〜74歳の参加男性たちは一人を除いて全員婚姻歴アリ。年収は300万〜1000万円で、最高額は会社経営者の67歳、先述のバブル風オヤジだった。

「第一印象カード」で、気に入った異性の番号を3人まで記入してスタッフに渡すと、しばし、軽食をとりながらのフリータイムに。

相当に美人でも、派手目のルックスや勝気そうな女性は敬遠されており、清楚《せいそ》な雰囲気のベージュのワンピ姿の女性と、小料理屋にでもいそうな艶っぽい女性が男性人気を二分する。

と、64歳男性（契約社員・年収400万円）が筆者の前に立ち、「あなたはまだ、子どもが産めますよね！」と声をかけてきた。一応、理屈のうえでは産めなくはないが、産ます気か。

聞けば20年前の離婚で娘を妻に取られ、今でも子を持つ夢が捨てられないという。

「でも、子どもが成人するまで互いに元気でいられるかわからないですよね」と切り返すと、「いや、あなたは大丈夫でしょう。次の夫を見つけて、育ててもらって……」と、勝手に未亡人にして次の男に養わせるとは何と身勝手な！

「本当は、加藤茶が理想でね。彼はいいよね、すごいよね」

加藤茶がシニア男性に見果てぬ夢と希望を抱かせた罪は甚大だ。

男性は高年収か資産がないと無理

パーティの途中で、第一印象カードの結果が個別にメモで渡される。自分に好意を抱く異性の番号がわかると、男性はすかさず的を絞ってアクション開始。女性の会費は1500円だが、男性は6000円。元を取るべく、より成功率の高い相手へと散って行く。

趣味や日常生活の話題以外では、「お子さんは何人いて、どうしていますか」「親御さんはどこにいますか」など、女性側の質問は地に足のついた内容ばかり。

対する男性は、昔の武勇伝や食事に関するテーマが多い。

「下関のフグはうまかった」「ハヤシライスはあの店が一番」などの話に混じって、「普段よくつくる料理は何か」と、さりげなく相手女性の料理の腕を推し量る。

加えて、「心臓は丈夫ですか」「血圧は……」と、健康問題のやり取りが多いのも、この世代ならではの特徴だろう。

女性に人気だったのは、温厚な専門学校講師（65歳・年収500万円）と、旅行が趣味の会話上手な会社役員（67歳・年収600万円）。

最後にマッチングカードに気に入った相手の番号を記し、スタッフが集計してカップル発表。この日はバブル男を含む5組のカップルが誕生したが、あぶれた男性のなかにはプライドを傷つけられてか、表情を一変させて出口へ急ぐ姿もあった。

「条件のいい男は出てこないわねぇ」と嘆く、パーティ常連の67歳女性と閉会後に化粧室で隣り合わせた。

「この年で年収300万円なんて論外よ。離婚して自宅を前妻に取られて、自分はアパート暮らしなんてのも真っ平。女一人養えない男が婚活するなんてあり得ないわ。だって、私たちの年で一緒になるっていうのは、女が家事全般を請け負って、将来の介護も引き受けるってこと。せめて経済力がなくちゃね」

たしかに、カップルになったのは高年収の男性ばかりだった。

「大抵は皆、死別かバツイチ同士でしょ。資産家の男は子どもや孫が財産を持っていかれないように大事に扱って寂しくさせないから、再婚願望を持たないのよ。苦労を一緒に背負い込んで乗り越える年でもないし、今の生活レベルより上がらないなら、一人のほうがよっぽどマシね。第一、女のなけなしの年金を当てにする男なんて最低よ」

年収350万円の年金暮らしの参加男性（70歳）が、

「女性側にも収入があるでしょうし、一緒に住めば光熱費も浮く。二人になることで生活も楽になって、力を合わせて協力し合えばいいこと尽くめ。お互いに合理的なんですよ」と話していたが、女性側の認識はかくもシビアだった。

男はセックス、女はカネ

シニア世代の価値観は、年齢が上がるほど、女性は「男が食わせて当たり前」、男性は「女が生活の面倒を見て当たり前」という意識が根強い。

総じて、女性側は「経済力があって、会話がしやすい男性」を、男性側は「見た目がよく、家庭的で面倒見のよさそうな女性」を好む傾向が顕著だ。

なかには尊大な態度を貫き、一方的に自分の話しかしない高齢男性もいるが、彼らも含めて、どんな男性にもピシャリと効く女性側からの決定打の一言は「で、ご資産はいかほど?」だ。現在の収入以外に、不動産などの資産を冷静に問われると、ほとんどの男性が瞬く間にトーンダウンする。

結局、カネなのか。参加女性たちの話。

「私たちの年代の独身女性で、お金に余裕ある人なんてまず見当たらない。女が働くのが今ほど一般的でなかったし、ロクに働き口さえなかったもの。年金だって月10万円もあれば上等なほう。キレイごとは言ってられないのよ」(68歳)

「皆寂しいから、一人でいるよりは……と思うんだけど、この年になると『尽くしてもいい』と思えるような人は少ないわねぇ。パーティの参加者には、一人じゃ生活が成り立たずに女性の手や収入を欲しがる男性や、遊び過ぎてこれまでの女性に愛想を尽かされた男性も多いから」(66歳)

「目ぼしい男性は争奪戦になるから、カップリングは諦めている感じもあるの。ただ、オシャレして出かける機会を持つだけでも若返るのよ」(69歳)

対する男性陣の言。

「女性の親友が欲しいよね。心の底を吐き出せる、男同士では見せない弱い部分や本音を打ち明けられる女性と暮らせたら、残りの人生を生きるのがすごくラクになると思うんだ」(66歳)

「妻を亡くしてからは、家に一人でいるとふさぎ込むばかりでね。いい人が見つかればこの上ないが、居酒屋並みの料金で、こうしていろんな女性と談笑できるだけで生きる元気をもらえる」(74歳)

「やっぱり女手は欲しいよ。家庭料理にかなうものはないから。以前に知り合った女性が手料理を振る舞ってくれたんだけど、味噌汁の味と豆腐の切り方が亡妻と違っていてね。新しい女性を迎えても、二度とあの手料理は食べられないんだ、昔と同じ生活が戻るわけじゃないんだ、と気づかされて苦しくはなったけど」(72歳)

前述のように、女性は白を基調とした清楚系ファッションが好まれ、華やかな格好は〝金のかかる女〟と映って人気薄に。パーティの種類にもよるが、和装は人により人気を倍増させる効果がある。

女性は様々なタイプが集うが、男性は得てして地味で真面目な人が多く集まる印象を受けた。

ただ、出会いがあっても「なかなか順調な交際を続けるのは難しい」と、以前に男性とカップルになった67歳女性が苦笑して打ち明ける。

「残りものには残りものの理由があるのよね。自分もそうだけど、口下手だったり、頑固だったり。『せっかくだから、お洒落なレストランで食事しましょう』と誘っても、『肩肘張る店はイヤだ』と500円の天丼屋に連れて行かれたりして……。

一人がいい、と選んで生きている男性は別だけど、相手が欲しいのにいつまでも見つからずにいる単身男性は、やっぱりどうしても同年代の既婚男性と比べると見劣りしちゃう。一人が長くなるほど、食べ方が汚かったり、口臭に気を配らなくなる人も多いから。でもね、既婚男性がよく見えるのは、やっぱり結婚しているからなのよ。奥さんがいるからなの。たとえ仲が悪くても、面倒を見てくれる女が側にいる男は高下駄を履かせてもらえるのよ」

前出の立松氏が指摘する。

「シニア世代ではすでに互いの価値観も固まっているため、相手を変えようとするより自分がどれだけ譲歩、柔軟な対応ができるかが成否のポイントになります。また、お互いのライフスタイルを崩したくない、相続トラブルを防ぎたい等の理由で、年齢が上がるほど籍を入れず、事実婚や通い婚が増える傾向にあります。

現代では豊かな財政状況の高齢女性は少ないため経済的依存指向があり、相手の希望年齢も条件次第で年下から一回り年上程度と幅広い。一方で男性は、身の回りの世話や将来的な介護も念頭において年下を希望する人が圧倒的で、いくつになってもスキンシップを重視する傾向も見受けられます。50〜60代では、子どもを諦め切れていない男性も散見されますね」

そういえば、「夫婦生活はきわめて重要」と話す男性が多い反面、「60過ぎたらアッチのほうは考えないわよ」と話す女性は非常に多かった。昔は劇団員だったという真屋淳子似の女性（64歳）に至っては、

「2度目の食事の後で、『二人だけになれる所へ行きましょう』と誘われたけど、『もう少し飲んでいたい』とやんわり断ったら、サッサとお勘定して出て行っちゃってそれっきり。結局、男はいくつになってもカラダ目当てなのかしら」と嘆いていた。

離婚後12年間、「給料日には必ず風俗店へ出向く」と言っていた男性(65歳)は、「男は女体がないと生きられない生き物。哀しいけれど、紛れもない真実なんですよ」と断言していた。

男性は健康な限り、いつまでも性の対象として女性を求め続け、その欲求に女性は鈍感なのか。

不倫サイトに集う高齢男性たちの驚くべき性欲

こうした高齢男女の感覚・認識のズレは、既婚者とて例外ではないようだ。

その証左が〈人生一度。不倫をしましょう。〉の謳い文句で多くのユーザーを抱える、カナダ発祥の不倫サイト「アシュレイ・マディソン」

での実態だ。男性は目当ての女性へメールを送るのに最大約400円もかかるが、割高な利用料のせいもあってか「本気度が違う」と中高年の利用者も多い。

のちに会った登録男性（67歳）によれば、

「他の中高年、熟年向けの出会い系サービスと同じく、プロ女性や援助交際絡みが圧倒的だけど、それでも一般女性とやり取りが叶う率がわずかに高い。まぁ、この年で20代の女性からアクセスされたら、何か裏があるのが常だけどね」

女性は無料で、生年月日などの諸項目を入力するだけで登録が完了する。

と、直後からすさまじい勢いでアプローチ・メッセージが入ってきた。ピラニアひしめく水槽へ金魚を投げ入れたかのごとく、写真も未掲載なのに一晩で102通。99パーセントが不倫目的の既婚男性のため、こんなにモテてもちっとも嬉しくない。というか、世の中これでいいのか。

とにかく65歳以上の登録男性を検索して片っ端からプロフィールを閲覧してみる。60代では「セフレ求む」の声が何と多いことか！

70歳を超すと「玄米が好き」「癒やしを求めて」など若干落ち着きのある記述も増えるが、「好色爺にて候」等の絶倫男子も混じり、総じて「まだまだ元気」「スタミナに自信アリ」といった体力自慢がズラリと並ぶ。「嘗《な》め尽くしたい」「乱れる貴女が死ぬほど欲しい!!」など、生々しい精（性）力アピールも多いなかで、「妻と死別して寂しい」「妻以外の女性を知りたい」との切実な内容も少なくない。ほぼ全員が「長期の関係」希望者で、一時の遊び目的ではなく、継続して付き合える特定のパートナーを欲しているようだ。

何度かメールのやり取りを経て、「まずはお茶しましょう」と、取材目的を伏せて12人とコンタクトを取る。

現下でインターネットやスマホを使いこなしている高齢者だけに、知識レベルの高い男性が多く、半数は海外生活経験のある外国語熟達者だった。

71歳の〝ロマンスグレー〟もその一人で、建設会社の経営を長男に譲って、国内外の別荘を行き来する悠々自適の日々。連れて行かれたのは、常連しか入れない小粋な割烹料理店で、グレーのコットンパンツに合わせた濃紺の麻ジャケットは、一目で上質なオーダー品とわかる。婚活市場に出たら間違いなく入れ食い必至だ。

「結婚は3度の離婚で懲りたからね。もういいよ」

21歳、35歳、53歳で結婚したが、いずれも離婚。

「とくに最後のは、別居生活と離婚調停でとことんくたびれた。自分は結婚に向いてないと悟ったよ。それに、いつ未亡人にさせるかわからないような哀れな結婚生活なんてさせられないから」と、上品な箸裁きで鮎《あゆ》をつまむ。

食事は3軒隣に住む息子夫婦宅で摂り、家事は代行サービス任せで不便はない。

「ただ、たまにね、すっかり慣れた独り寝がどうしようもなく切なくて寂しい夜がある。こんなとき、他愛ない話をしながら体の火照りを鎮めてくれる女性がいたらどんなにか……と思っちゃうんだよ」

ここ数年は定期的に高級ソープを利用しているが、「サービスは申し分なくても、普通に食事して酒飲んで、そのままベッドに入っていちゃついて……っていうのにはかなわない。ただし、援助交際ならソープでいい。結婚願望はないから、こういうところじゃないと相手は探せないかと思ったけど、つながらないねぇ。ただ、何もしなければお誘いはかからないし、宝くじは買わないと当たらないから。50代、あわよくば40代の一般女性といい関係が持てたら……」と期待を持ち続ける。

料理長お任せの絶品和食をご馳走になった後、別れ際には「次回はぜひ、ベッドの相手を試してくださいね」と深々と頭を下げられたのだった。

難解なメール主の意外な正体

67歳男性からのメールは、漢文やギリシャ神話、英文の詩などを多数引用した小難しい内容ばかり。時折、「キスがしたい」「観音様は生命の源」と本音が入るが、何が自己アピールで、どこが口説き文句なのかサッパリわからない。相当なインテリのプライドお化けなのか。

しかし、喫茶店に現れた本人を見て腰を抜かす。茹《ゆ》でたジャガイモのようにホクホクとした丸っこい顔に円《つぶ》らで優しげな瞳。ややぽっちゃり体型にして、腰が低く、〝人畜無害〟を絵に描いたような穏やかさ。視線を宙に浮かせてどもりつつ、まずは政治の話などを切り出す。小一時間はずっと緊張して、薄毛になった頭皮から噴き出す汗をハンカチで拭い続けていた。

「偶然、テレビでサイトを知ったんです」

親戚の勧めで見合いをし、25歳で婿養子に入った。妻の実家の事業を継ぎ、4人の子どもをもうけ、50代半ばまで性交渉があったが、妻から閉経と同時に「もう〝お務め〟から解放してほしい」と打ち明けられる。

「妻も私も初めての相手同士。浮気もせずに妻一筋だっただけに、どうしていいやら途方に暮れて……」

妻からは「外で適当に遊んできて」と過分な小遣いを渡され、ほどなく初めての風俗デビュー。半年ほどハマッたが、徐々に空しくなったと肩を落とす。

「だって、ものすごくシステマチックなんですよ。時間を気にしながら慌しくて。女性には私への思いやりや情なんてカケラもない。体はスッキリしても心が落ち込んで……。妻の実家暮らしで近所に不埒《ふらち》な出会いなどなく、サイトでならと思ったけど、どうしたらいいかもわからなくて」

難解なメールは究極の照れ隠しだったのだ。

根っからの健康体が、今では「かえって恨めしい」と嘆息する。

「健康だからアッチも元気で処理に悩む。国家が国民の健康を保障するなら、ぜひこっちの対策も検討してほしいですよ」

これまで3人の女性と食事に漕《こ》ぎ着けたが、戦果はゼロ。

「お金くれるならシてあげる、って、それは玄人《くろうと》じゃないですか」

離婚など考える由もない。素直で誠実、善良極まりないこの初老男性が、「十年振りに観音様を拝めますように」と、夜な夜な願掛けして眠る夜がいつまで続くのか……と思うと切なくなった。


「股を開く気もないのに、男に会いに来るな！」

「人生最後で最高の恋がしたい」と語る69歳男性は、「残りの時間とお金を本当に好きな女に使って死にたい」と言って憚《はばか》らない。無論、妻子はいるが、「適齢期にたまたま近場にいる女を選んだだけ。エッチは常にマグロで、出張のたびにプロから快楽を買って紛らわしていた」と憤る。

親族の手前、離婚はしないが、十余年にわたる家庭内別居状態で、「カネの無心ばかりする。ハゲタカのような子どもたちに毟《むし》られるくらいなら、余命と引き換えに熱い想いを注げる女を見つけて散財したい」と90分間熱弁をふるい続けていた。

ちなみに筆者は「俺はぽっちゃりタイプの女が好みだから。ごめんな」と一方的にフラれた。

この他、認知症の妻を抱えて「デイサービスやショートステイの合間に心身慰め合える相手」を切望する70歳男性や、「死ぬまでに大人のオモチャや青姦を試してみたい」と夢見る68歳、「妻が老人ホームに入って相手がいない」と嘆く72歳など、性の不満から迷走するシニア男性の生々しい本音と背景には切迫感すら漂う。

「今さら、再婚はできない、プロは嫌だ、都合よく大人の付き合いを……となれば、人妻を借りるしかないだろう」と説く73歳の既婚男性は、

『70過ぎたらクスリを使って仁王立ち！』の雑誌記事を読み、「男を諦めない決意をした」という。

「男は狩りをしているときが一番男らしくいられる。男の自信は生きていく自信。古女房が相手にならないなら、狩りに出るまでだ」

クスリのお陰で現役続行、人生に活力が甦《よみがえ》ったと捲《まく》し立てながら人の話も聞かず、鼻息荒くホテルへの道を急ぐが、断ると態度が急変。「股を開く気もないのに、男に会いに来るな！」と一喝された。その表情には、老熟の威厳も嗜《たしな》みも一切感じられず……。

祖父のこんな姿を10歳になる彼の孫娘は知る由もないと思うと、この男性がどんな顔で家族写真に映っているのか興味が湧いた。

それにしても、〝最上の死に方〟として「腹上死」を挙げるシニア男性の、何と多かったことか。「元気で長生き」の長寿社会は、「いつまでも枯れない」高齢者を量産していたのだった。

第7章 生き地獄化する余生

誰もが求めるはずの「元気で長生き」。老年期を迎え、残された時間は限られているが、目の前の時間を持て余すだけの毎日が続くとしたら——

第6章では、〝閉じこもり〟を続ける高齢者の生活と「孤立死」の関係性について触れた。しかし、モノやゴミに埋もれて暮らすのは〝閉じこもり〟の高齢者だけにとどまらない。

クレプトマニア（窃盗症）の専門医・竹村道夫氏が「溜め込みマインド」と説明した、心の隙間をモノで満たす心理。それは、物品ばかりとは限らないのだ。

もの言えぬ動物にすがる高齢者たち

生活保護受給者の女性（76歳・千葉）宅へ関係者とともに出向いて目を疑う。古い2階建てアパートの6室はどれも風呂なしの、4畳半の和室に2畳ほどのキッチンが付いた間取り。1階角部屋の玄関ドアを開けると、スーパーの買い物カゴ二つ分ほどの大きさのケージ（檻《おり》）が天井近くまで上に4～5段積み上げられ、室内中を目一杯に埋め尽くしていた。その数、22個。ケージ内には計26匹もの犬猫が収容されており、いずれも目ヤニや鼻水、よだれで顔はグチャグチャだ。どの犬猫も恨めしそうな目をしてヒステリックに泣き喚《わめ》いており、なかにはぐったりと力なく横たわっている子猫もいた。

檻の中に敷かれた新聞紙で汚物処理が足りるはずもなく、排泄物は部屋のあちこち至る所に垂れ流されている。周囲には大量のゴミが積もり、ホコリだらけの色褪《あ》せたカーテンは引きちぎられ、強烈な糞尿とゴミのすえた臭気を伴って、一種異様な地獄絵図の様相だ。強烈なアンモニア臭の刺激から、目鼻にツーンとした痛みも走る。

飼い主のいない猫の保護や不妊・去勢手術、里親探しをするNPO法人「ねこけん」代表の溝上奈緒子氏が吐露する。

「最近は、高齢者が屋外にいる犬猫を拾ってきては室内に集めて飼育し、自身の健康上の理由から世話ができなくなって〝多頭飼育崩壊〟に至るケースがあとを絶ちません。しかも金銭的に困窮している世帯が非常に多く、避妊・去勢手術費用も捻出できないため、場合によってはネズミ算式に頭数が増えていたり、産ませてすぐに子猫（犬）を殺して対処していたりするケースもありました」

前述の女性も高血圧とヘルニアの悪化、認知症の発症などから一時入院となり、室内の惨状が明るみに出た。

同氏が続ける。

「私たちがレスキューに入った崩壊現場の6割以上は高齢者宅です。血縁者や地域住民との関係性が希薄で身寄りのない老人が多く、『外にいるのがかわいそうだから』と拾ってくる。ボランティア団体などが増え過ぎた犬猫を引き上げても、また外から集めてきてしまうのです。そして、どんなに諭しても、『死ぬときは一緒』と手放したがらないのも共通する特徴の一つです」

お金もなく、かかわってくれる人もいない。寂しさを紛らわし、自分を必要としてくれる対象者として、もの言えぬ動物にすがる高齢者たち。彼らを「かわいそう」と憐れむことで、知らず自身を慰めるのか。

独居よりも同居世帯のほうが自殺率は高い

人として生まれて生きる限り、何らかの愛すべき対象が必要となる。そして何かから、誰かから愛されている実感がないと生きづらくなる。心がパサパサに乾いていく。

だからこそ、家族との同居が一番だ。やはり子や孫と一緒に暮らしてこそ豊かな老後だ——といった通説は、現実には幻影に過ぎない。すべての家庭が〝サザエさん〟一家と同じようにはいかないからだ。

「仲が悪いようには見えなかったですねぇ。新築当初は皆で一緒にいる姿も見かけましたけど、おばあちゃまが先立たれてからは、とんと……」と、話してくれたのは、二世帯住宅の下階の一室で76歳男性が首吊り自殺した現場の近隣者だ。

都内にある閑静な住宅街。長男夫婦と暮らすため、老夫婦は実家を二世帯住居に建て替えた。1階と2階、それぞれに玄関を設けて互いの生活に干渉せずに済む造りとし、2階に長男夫婦と幼い子ども2人を住まわせる。普段は各々の生活を送りながら、必要なときには気兼ねなく互いが行き来できる理想的環境となるはずだった。

ところが、入居1年後に妻である74歳女性が脳出血で急逝。残された男性は一人で下階に暮らしていたが、翌年、居間にある飾り棚のフックに縄を掛けて自らの命を絶った。

テーブルの上にあったメモには走り書きで「妻に会いに行きます」とだけ。後追い、及び、持病の高血圧やリウマチなどを苦にした自殺として滞りなく処理さ

◉年齢階級別自殺者数の年次推移

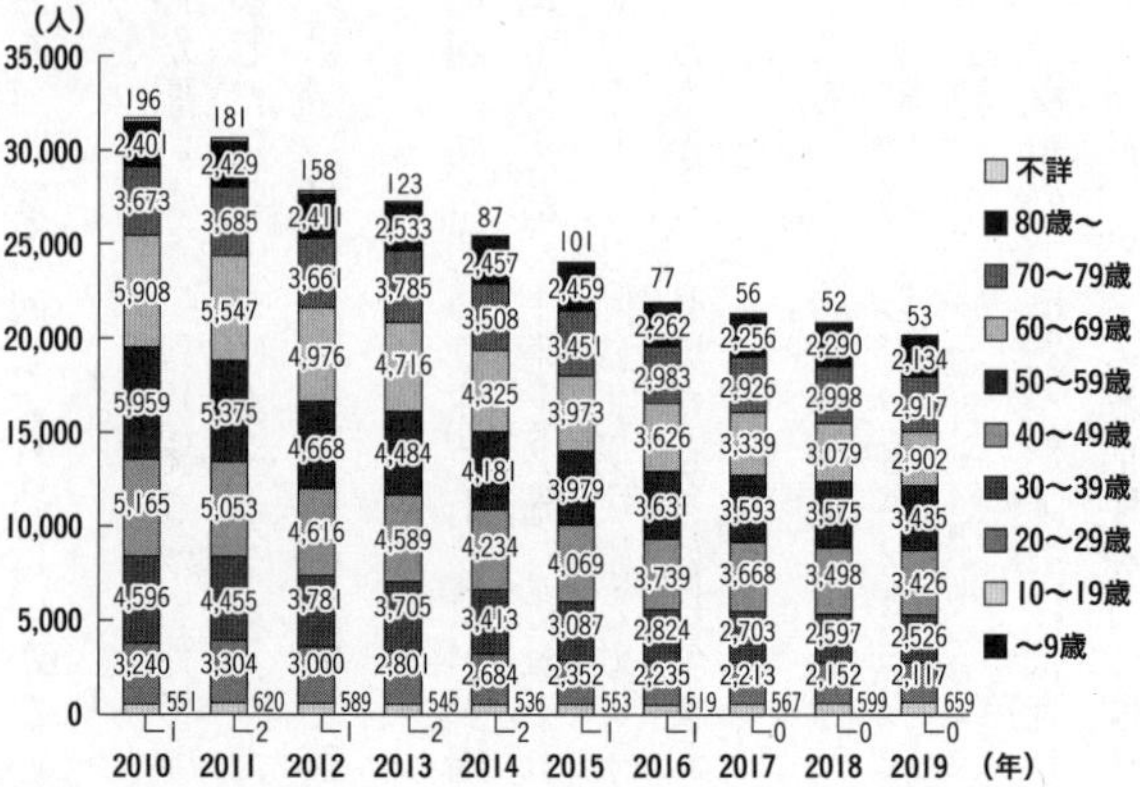

資料：警察庁自殺統計原票データより厚生労働省作成

れた。

『孤独な死体』(ポプラ社刊)の著者で、元東京都監察医務院長・上野正彦氏が喝破する。

「一人暮らしより、同居して身内から疎外される老人のほうがずっと孤独なのです。事実、独居よりも同居世帯のほうが自殺率は高い。近年、自殺者の約4割は高齢者で、動機のトップが病苦とされています。ただ、60年、70年以上も人生の荒波を乗り越えてきた高齢者が、神経痛や糖尿病といった病苦で自死を選ぶでしょうか？　彼らは遺書に恨みつらみを書きません。そして、残された家族らは本人を粗末にしていた事実を明かしません。孤独に耐え切れずに自死した高齢者の真実は、データの裏にこそ隠されているのです」

２０１４年公表の警察庁「自殺の状況」統計によれば、年齢別に見た自殺者の最多層は60～69歳。最も多い原因・動機は「健康問題」で、60歳代が56・４％、70歳代では68・３％、80歳以上では実に72・６％となっている。

なお、至近となる２０１９年の同統計（２０２０年公表）の自殺者数では、50～59歳、40～49歳がともに全体の17％を占めて最多層となるが、依然として高い数値の僅差で70～79歳（14・５％）、60～69歳（14・４％）が続く。着目すべきは80歳以上の自殺者が全体の１割を超え（10・６％）、20～29歳（10・５％）よりも上回っている事実だ。

自死した62歳男性の部屋

東京都下にある築三十余年のマンションの一室。血縁者の同意を得て、清掃業者のスタッフ２人と中へ入る。62歳男性の住居であり、本人が自死した現場でもあった。

〝ゴミ部屋〟もどきの1DKの室内は久しく掃除された形跡がなく、鴨居には真綿のようなホコリの層が1センチ近く積もっている。床や棚には乱雑にモノが散らかっており、一部が雪崩状態となっていて足場を選ぶが、酒缶と食べかすが積まれたミニテーブル周辺だけはキチンと整理されており、この場所が家人の生活の中心であったのを物語っていた。

何か無念に思うところがあったのだろう。

衝動的な自死だったのか、計画的なものだったかは不明だが、男性は台所で自身の手首を刺したようだった。そのときに流れた出血痕がまな板と床に生々しく残る。そうしてそのままバスルームへ移動した血痕が、道標のように床に長い筋を描いて続く。

浴室で一度、手前に併設されている洋式便器の水溜の中へ手首を浸した痕跡があるが、続いて奥にあるバスタブの方へ進む。すでに栓が抜かれた浴漕内には大量の赤茶けた血液がガビガビになって張りついていた。

浴槽の脇には、男性がここで命尽きた証拠の印が警察によって残されている。

本人と連絡がつかないのを不審に思った知人が訪ねて発覚したため、死後2日で発見されたが、それまでの間、彼はこの冷たいタイルの上で横たわっていたのだ。

死亡時、男性は一人暮らしで、縁者によれば「生涯独身だった」というが、表札には2つの苗字が記されており、一時期は誰かと一緒に住んでいたようだった。

昨年からめくられていないカレンダー、洗って片づける様子もない汚れた食器の数々。買ったまま書店の袋に入った本や雑誌がうず高く積まれており、すでに生きること、生き続ける気力が失せている気配があちこちに漂う。

と、押し入れ上段に無造作に詰め込まれていた古いアルバムの何冊かが音を立てて下へ崩れ落ちた。同時に何枚かの写真が周囲に散らばる。

開かれたページに貼られていたのは、男性が修学旅行で訪れた東京見物の記念写真だった。学生服姿の本人が国会議事堂や東京タワーの前で、元気一杯にはしゃいでいる。警視庁の前で格好よくポーズを決めたモノクロ写真の撮影時には、まさか将来、自分がこんな形で警察の世話になるとは想像だにしていなかったはずだ。

拾い集めた写真には幼少時の彼が動物園の猿を背景に、団子鼻に福耳の愛らしい顔立ちで母親と一緒に笑顔で映っている。

こんなに幸せそうな少年が、なぜ、天寿をまっとうできなかったのか。どうして自らで死を選んだのか（選ばざるを得なかったのか）、喉元がギュッと詰まって胸が苦しくなる。

押し入れの奥からは、小柳ルミ子のファンクラブ会員証やレコード、「ドリフターズ 真理ちゃんといっしょ」の観覧パンフレットとともに、年代ものの結婚式の引き出物が劣化した包装紙に包まれたまま続々と出てきた。

キッチンの壁には変色した新聞の「簡単料理」の切り抜きが貼られている。冷凍庫の奥には、いつのものかもわからない古いバレンタインチョコが、色褪せたピンクのリボンで結ばれたまま大事そうにしまわれていた。

スタッフが次々と部屋の物を段ボール箱へ詰めていくなかで、不意に一つの箱から美しく甲高い金属音の旋律が鳴り響いた。カビ臭が漂うホコリまみれの汚部屋にあって、その音色はあまりにも不似合いかつ優雅で、ほんの一瞬だけ皆の作業の手が止まる。

音の源はオルゴール。

ダンボール箱に詰められたものが、作業による振動でわずかに動き出したのだ。「星に願いを」のメロディが2フレーズだけゆっくりと奏でられてピタリとやむ。箱はそのまま外へ運び出されたが、トラックに積まれた後も二度とこのオルゴールが音を出すことはなかった。

80歳以上の自殺者は毎年2000人超

近年、老人性うつ病患者の増加が報じられている。広く知られるとおり、うつ病と自死は関係性が深い。

この男性に通院記録はなかったが、もし神経科などを受診していたら、うつ病等の病名がつけられたのかもしれない。

だが、問題はそこに至るまでの経緯だ。

「本人は病気だから自死しても仕方なかった」では、彼らの死を語る意味がない。注視すべきは、自ら命を絶たなくても余命の知れている人間が、自死を選ぶ決意をさせるほど、老いの生活と人生に絶望している現実だ。

前出・同統計によれば、ここ10年の自殺者総数は緩やかな減少傾向に転じているにもかかわらず、高齢者層のそれは依然、高い数値で推移しており、とくに80歳以上では毎年2000人超が自死で命を終えている。

六十余年以上を生き抜いてもなお、残りの数年、十数年を生き続けるよりつらい老年期を迎えている真実を読み解かなければ、老人の自殺の減少は望めないだろう。

ジェントロジー（老年学）を研究する、静岡大学名誉教授の小櫻義明氏が指摘する。

「これまで、高齢者における身体の健康は再三重視されケアも計られてきましたが、心の健康には触れられてこなかった。お年寄りは身体さえ元気なら、穏やかに朽ちていくものと決めつけられていたのです。

しかし、平均寿命が急速に延び、65歳以上の人口は50年前の7倍、75歳以上では14倍と、歴史的にも類を見ない新しい現象を迎えています。高齢期が大幅に延長されたことで、お手本となる先人も不在のまま、老年期、超老年期の時間の過ごし方が問われる時代になっているのです」

他者を受け入れないことでプライドを守る

本書では自身の満たされぬ思い、押さえ切れない衝動を、万引きやDVをはじめとした反社会的な行為で表出させる高齢者の実態をレポートしてきた。積もった不満、溜め込んだ感情を放出させようとして様々な問題行動を起こす様は、まるで一昔前の非行少年にも似て、さながら〝半グレ化〟した不良老人だ。

愛してほしい、構ってほしい、優しさが欲しい、寂しさを埋めてほしい、尊重してほしい……声にならずに望み続けて、叶えられなければキレるまでだ。

愛してもらえないのなら、憎むしかない。

大事にされないのなら、噛みつくしかない。

ただし、その言動は自身の存在に気づいてほしい、生きる価値を認めてほしいといった願望の現れでもあり、生き続ける意味を世に問う自己表現の一環としての側面も持ち合わせていた。外へ暴発することで自己主張を果たし、何とかバランスを保とうとする必死な姿でもあったのだ。

では、そうしたエネルギーのベクトルが内へと向けられたらどうだろう。

外に出れば、無邪気に遊ぶ子どもたちと出くわす。笑ってはしゃぐ若者らが行き交い、楽しげに談笑する恋人たちや仲睦まじげな夫婦の姿も目に入る。忙しそうに立ち回る働き盛りの男女は足早に通り過ぎ、死へ向かうだけの自分とは対極に、キラキラと眩しく見える。

楽しみもなく、喜びもない、ただ燻《くすぶ》るだけの日々を送っていたとしたら、そうした光景はあまりにもつらく、酷なものに映らないだろうか。

そこにやり直しの利かない人生を自覚し、夢も希望も抱けない自分がいたならば、彼らにはひがみの感情しか抱けなくなってしまう。

――未来が羨《うらや》ましい。希望が妬《ねた》ましい。夢が憎い。悔しい――

一切を拒絶し、遮断することは、唯一、自分を傷つけずに守り得る術となりはしないか。

閉じこもること、他者を受け入れないことだけが〝最後の砦〟になるのだから。

高齢者を「幸齢者」にするために

「ヤッター!」「ありゃりゃ~」

明るく、朗らかな高齢男女の声が室内一杯に響く。

場所は、国内初のカジノ型デイサービス施設「ＬＡＳ ＶＥＧＡＳ」（東京・足立区）だ。

バリアフリーの広い室内には、バカラとブラックジャックの専用テーブルの他、パチンコ、パチスロ台、麻雀卓が設置されており、施設内通貨を使って各自が自由に楽しめる。

「現役を退いた高齢男性は自宅に引きこもる傾向が顕著です。通常の施設では何をやっても『つまらん！』と怒り出す彼らが外出を楽しみにする場所を提供したかった。高齢者だからこそ子ども扱いされるのを嫌い、辛気臭い場所へは行きたがらないのです」（「日本エルダリーケアサービス」代表取締役・森薫氏）

什器《じゅうき》や遊具はどれも本格志向で、落ち着いた雰囲気が漂う。施設内にはバーカウンターを模したフードカウンターもあり、ノンアルコール飲料をさながらの気分で軽食と一緒に味わうこともできる。

ゲームに興じる高齢者たちの目は皆真剣そのもので、「よし、今度こそ勝つぞ」「あー、残念！」などといった元気な声が、若いスタッフの拍手や笑い声とともにに部屋中に絶え間なく広がっていた。

「一部では『介護保険を使って遊ぶなんて』といった批判的なご意見を聞くこともあります。では日中、行く所もなく、人と話すこともなく、一日中自宅に閉じこもったまま、楽しみもなく枯れるのが果たして理想の〝老い〟でしょうか？　日本では、老後は耐えるのが美学で、楽しむことを罪悪ととらえる節がありま す。でも、感情を何かでどこかにぶつける機会や、年下の異性と話したり、日常のストレスを発散する場所は、人が人として生き続ける限り絶対に必要なのです。高齢者は『幸齢者』にならなければ」（前出・森氏）

施設の片隅にあったホワイトボードには、利用者の誰かが赤マジックで書いた「デイが一番の楽しみ、来る日が待ち遠しいよ」の文字が残されていた。

筑波大学名誉教授で、ＳＡＴ情動認知行動療法研究所・宗像恒次所長が説く。

「人間は一日に最低一回は必要なドーパミンが脳内で分泌されないと生きていく意欲が生まれず、むしろ生きることを苦痛に感じる生き物です。毎日にその人なりの悦びを見出し、満たされないと生き続ける活力の減退に繋がります」

自宅に閉じこもったまま身体的衰えを感じつつ、笑顔と無縁の日々が続けば、うつに侵されるなどしても不思議はないだろう。

時間とエネルギーを持て余す

周知のとおり、この国はかつて経験したことのない未曾有の「老人大国」へと突き進んでいる。

先述のように、平均寿命は直近のデータ（２０２０年7月、厚労省公表）で男性80・41歳、女性87・45歳と、年ごとに更新され、女性では世界一、男性では世界2位の長寿国となっている。

だが、「長生き」は本当に万人に幸せなのか。

取材中に出会った88歳の女性は、「お迎えが来るのを待つだけの日々。カレンダーは数字にバツ印を書くたびに進む、すごろくの目と同じよ」と力なく笑った。

72歳男性は、「毎日考えることといえば、朝起きて、一日に使える１０００円札１枚の使い道だけだ」と深いため息をついた。

万引きで捕まった86歳の女性は、「『万引きをしそうになったら、大事な人を思い出して』と言われたけど、大事な人なんていないんだからしょうがない」と口を尖《とが》らせた。

言うまでもなく、第二、第三の人生をより充実させて豊かな人生を歩んでいる高齢者も多い。念願だったシルクロードを旅する人、事業を始めた人、農村へ移り住み新しい暮らしと価値観を見つけた人、ボランティア活動に目覚めた人……〝生き甲斐〟、すなわち生きる理由と価値を見出せた人だ。

一方で、「退職後は妻と旅行三昧の予定だったけど一度で懲りた。年を取ってから急に一緒に行動しようとしても無理だとわかった。老後の予定が狂った」(68歳男性・東京)、「自分史を書き終えたら、本当にやることがなくなった。現役時代はあれほど本を読む時間が欲しかったのに、読書しかない毎日は飽きるし退屈過ぎる」(72歳男性・神奈川)、「長年出納帳をつけてきたから、退職後もすぐに経理のパートが見つかると思ったけど、パソコンを使いこなせないとどこも雇ってくれない」(66歳女性・東京) など、当初の当てが外れてしまったと嘆く人もまた多い。

残りの人生を誰もが生き甲斐を持ち、胸を張って送れるのなら問題はない。

しかし、取材を通じて浮き彫りになったのは、持て余す時間とエネルギーをどう使ってよいかわからず、老いのジレに焦りながら迷走を続ける、不器用な高齢者の姿だった。

幸せでない老人たちが多過ぎる

貧しい時代、生きることだけに終始していればいい時分には、己の存在価値を問う余裕などなかった。衣食住さえ足りていれば十二分に幸せを感じることができたのだ。

高度経済成長を経て、物質的には遥かに恵まれた時代となった。豊かで幸せな生活を目指して様々な文化を生み出し、生活様式も変化を遂げてきたはずだ。

それなのに、街を歩けば口を〝へ〟の字に曲げた「不平不満顔」をして歩いている高齢者の何と多いことだろう。呆けた、抜け殻のような「表情のない顔」で佇んでいる高齢者も多分に見かける。

国連「持続可能開発ソリューションネットワーク」が毎年3月に公表している「世界幸福度ランキング」で、2020年の日本の順位は62位。初めて発表された2012年の同ランキングは44位で、翌年に43位へ一度順位を上げたきり、以降は毎年順位を下げ続けて目下先進国中では最低レベルだ。

日本の評価が低い項目は「寛容さ」と「主観満足度」で、とくに後者は非常に低い。「人生評価において楽しいか、つらいか」という主観質問への回答で、日本人が多々「生きづらさ」を抱えている内実が窺える。

また、内閣府「国民生活選好度調査」（現下で最新公表となる2012年）結果によれば、60～69歳、70～79歳のいずれの年代でも、幸福度の最多層は10点満点中5点だ。つまり、「不幸ではないが幸福でもない」を意味している。幸福感を判断する際に重視した基準のトップは「自分の理想との比較」で61・8％。また、「老後に明るい見通しを持っている」（「全くそうである」と「どちらかといえばそうである」の合計）と答えた人の割合は全体の14・4％で、「どちらかといえばそうではない」（44・6％）と「全くそうではない」（40・4％）を合わせた85％を大幅に下回っている。

生活困窮者の支援活動を続けるボランティア男性は、「日々の暮らしに四苦八苦していた高齢者が生活保護を受けると途端に暇になってしまう。生活に困らないでやることも仕事もないと、飲むか打つかといった、目先の欲望に走ってしまいがちになるんですよ」と、一部の生活保護受給者が酒とギャンブルに溺れる心情について話してくれた。

70歳の主婦は「71歳の無趣味の夫が、退職を機にセックス依存症になって求められるのがつらい。それまでの信頼も愛情も消え、未亡人の友達がうらやましくてたまらない」と筆者へ切実に訴えた。生きる意義を見失えば、目先の快楽で日々を埋めるしか術を持たなくなるのも仕方のないことかもしれない。

迫り来る死を意識して、残された時間は限られているが、毎日の時間は有り余っている。

現状が幸せとは思えない、満たされていない。でも、打破する術がわからない。この心の渇きを、空洞を、何で潤して、どう塞げばいいのか――。

毎日「やることがある」幸せ

社会的役割を解かれ、誰からも必要とされず、注目はおろか興味も持たれない。やることも成すべきこともなければ、生きる目標や目的も見当たらない。達成感や充足感とは無縁の、砂を噛むような時間が延々と続くとしたら……それこそ「生き地獄」ではないのか。

先の小櫻氏が言及する。

「少子化が後押しする若者賛美の風潮下では、高齢者の自己否定感情の強さや『こんなに長生きするはずではなかった』といった戸惑いも看過できないでしょう」

シルバー人材センターに登録した「唯一の取り得は健康だけ」という73歳男性は、「1件の仕事にありつけるのに半年待ち。今日も一日、日が暮れるのを待つだけだ」と、ぼんやり河川敷のベンチに座り続けていた。

自覚なくストーカーに転じてしまった71歳男性は、「あのときは情熱を燃やせて一日が充実していた」と夢見るように回顧し、次の取材先へ急ぐ筆者を「忙しそうだね。いいなぁ」と目を細めて見送ったのだった。

過ぎていく時間をただ空しく静観するだけの毎日。

身体を痛める前に心が壊死《えし》していく、あるいは、自己評価の著しい低下と戦い、社会における疎外感や無用感を味わうだけの老年期なら、「長生き」はただ酷なものでしかなくなるのではないか。無意味な時間を漠然とやり過ごすだけでは、到底、人として生きる満足感は得られないのだ。

人生の終盤に差しかかり、最初からすべてのやり直しは利かない。

ただし、修正はいつの時点でも可能だ。

これ以上、存在価値を貶《おとし》めて迷走を続ける高齢者を増やしてはならない。

彼らの持つ虚《うつ》ろな時間を、活力を、能力を、空費させることなく、社会の何かへ生かすシステムづくりが急務ではないのか。「趣味を適度に楽しむ」といった自己満足だけでは社会の一員である自覚と自負を促すのには足りない。社会への寄与にも乏しい。とにかく、ただ「枯れるだけ」で日を費やすには余生はあまりにも長くなり過ぎたのだ。

毎日に「やることがある」幸せと、心弾ませて生きる「充実感」を。

そして老いてこそ社会に欲される〝人としての役割〟を。

高齢社会の新たな課題であり、新しく噴出した社会問題といえよう。

あとがき

医療の劇的な進歩により、そう簡単には死なせてもらえなくなった。命を永らえる可能性があれば一縷の望みでもすがってしまうのは生物としての本能で、食事情も向上し、各種の健康増進情報も流布して、誰もが長く生き続けられるようになったら、死ぬよりも、上手に老いることのほうが難しい時代になってしまった。

少し前までは「やり残したことはないか」「命を燃焼し尽くして人生を生き切ったか」などと検証する間もなく、先に寿命が来てしまっていた。余計なことを考える間もなく、生活に追われ、生き続けるのに必死なうちに息絶えるのが当たり前だったのだ。

飛躍的に長くなった老年期を連日、衣食住も足りた〝三食昼寝付き〟で過ごすのがつまらない、物足りないと、何らかの刺激や快楽を求めて迷走する様は、一種の「贅沢病」といえるのかもしれない。

これまでの高齢者は高度経済成長の立役者でもあり、戦後日本の豊かさを下支えした世代でもある。その功を労《ねぎら》って余生はゆっくり休んでお過ごしください……といっても、病人でもなければ3日と寝続けられないのと同じで、所在ない日々の連続は一種の拷問にも等しい。栄養状態もよくなって体力もあれば気も若い。でも実年齢だけは〝老人〟扱い。そのギャップがまたジレンマを生む。

近年の65歳以上を押し並べて「高齢者」と一括りにするのにも無理があるだろう。人生の集大成である老年期ほど個人差が表れるものはなく、たとえ同じ70歳でも人により体力や意識面でプラスマイナス10歳程度の差は軽く生じるからだ。

俗に、老年期は「人生の黄昏時」とも言い表される。が、現実には日没までは遠く、夜を迎えるにはまだ早い。社会的な「第一線」からは退いたが、「年寄り」とされるには抵抗がある――この中途半端な期間の使い道が厄介で、潜在的なエネルギーがあり余っているのに、大人しく朽ちる準備にのみ徹していられようはずもないのだ。

線香花火の火炎が終了間際に最も輝かしく煌めくように、これまでの人生に光が乏しければなおのこと、より鮮烈な閃光に魅入られる。それが禍々《まがまが》しく邪《よこしま》なものであればこそ、下卑た快感と背徳のドラマに胸が高鳴る。何せこっそりと秘密裏に及ぶ悪事ほど、強烈な刺激と興奮を呼ぶものはないからだ。

とにかく毎日に退屈しきっており、彼らの口から「やることがない」「することが見つからない」という言葉をどれだけ聞いたかわからない。

こうした高齢者1人を、現状では約2人の現役世代で支える構図となっているが、徐々に1：1に近い割合で補う社会の到来が差し迫ってきている。

その支える側では〝貧困〟が顕在化して久しく、未就労の学生でも20歳を機に高額な国民年金の納付を義務づけられ、就職後も多額の奨学金返済を長く抱えて生活苦に喘ぐ若い世代も多い。物価は上がれど賃金は上がらず、永年低所得の非正規雇用での就業を余儀なくされるミドル層も相当数に上る。さらには「ヤングケアラー」といった家族内での介護要員を強いられるなど、苦しい暮らしぶりに心身疲弊し、自身の家庭を持つことはおろか、将来に明るい展望を持てない人たちが続出している。

少子高齢化で労働力の低下が声高に叫ばれる昨今、〝枯れない〟高齢者を一日も早く、上手に社会の中で有効活用しない限り、超老人大国へ突き進むだけのこの国は程なく潰れてしまうと感じている。

「時間があり過ぎて困る」とボヤく高齢者が呆れるほど多いのだ。彼らの余暇とエネルギーを無駄遣いさせていることこそ、この国の大きな損失だろう。

末筆ながら、取材にご協力くださった皆様一人ひとりへ、改めて心からのお礼を申し上げたい。

先々一層度合いを増す超高齢社会で、耳目に触れる〝裏〟の事象、不良化する老人について、本書が少しでも一連の問題を解する一助になれば、著者としてこれに勝る喜びはなく、至福である。

手に取ってくださった方へ、深い感謝を込めて。

2021年2月

新郷由起

本書は2015年2月に小社より刊行された同名単行本を、
増補・改訂し文庫化したものです。

特別対談
黒川博行×新郷由起
取材すること、物語を紡ぐことについて

くろかわ・ひろゆき●1949年、愛媛県生まれ。京都市立芸術大学卒業。高校の美術教師を経て、83年『二度のお別れ』がサントリーミステリー大賞佳作、86年『キャッツアイころがった』が同賞の大賞を受賞し作家生活に入る。96年「カウント・プラン」で日本推理作家協会賞、2014年『破門』で直木三十五賞、2020年、日本ミステリー文学大賞を受賞。主な作品に『疫病神』『国境』『文福茶釜』『後妻業』『泥濘』などがある。高齢者の遺産詐取事件をテーマとした『後妻業』は『後妻業の女』(監督・鶴橋康夫、出演・大竹しのぶ、豊川悦司ほか)として映画化。のちにテレビドラマ化もされた。近著は美術ミステリー連作集の『騙る』(文藝春秋)。

新郷　黒川さんとは、御著『後妻業』が原作となった、大竹しのぶさん主演の映画『後妻業の女』（東宝）で、当方がPRの一端を担ったご縁から、今回、対談を組ませていただきました。拙著を読了されて、いかがでしたか。

黒川　大変面白く拝読しました。実はウチには、老人本と犯罪本が山のようにあります。だから、こういうノンフィクションも僕はたくさん読んでいます。が、出来の悪いものも多くあるなかで、この本は非常に良質なものだと思いました。とにかく、たくさん取材している、というのがよくわかります。そして、それらをそのまま書くのではなく、取捨選択し、読みやすく章立てをして、簡潔に平明に書いておられる。エッセンスを抽出してパートごとに分けて構成されていますが、各章を広く深くしたら何冊にもなります。これをあえて浅く、一冊にまとめたというところが贅沢なつくりになっている。小説のネタになりそうなエピソードも多々ありました。時間とお金がかかっているのもよくわかります。文章も上手い。基本的に、上質なノンフィクション。感心しました。

新郷　ありがとうございます。そのように評していただけて感無量です。

黒川　とくに潜入ルポが面白かった。ストーカーと婚活のところね。潜入ルポをお得意にされていることがよくわかります。身を挺して、身を削って（笑）。

新郷　当時は本当に大変でした。とくにストーカー被害の時分には、街中でどこからか着信音が聞こえるだけで心臓が飛び出しそうになる始末で。

黒川　本編の3人だけじゃなく、もっといたんじゃないかと思いました。

新郷　ええ、実は他にも……。ただ、ご指摘のとおり、100あったことを100書くのではなく、取材して100得たものを濾《こ》して、上澄みの5を書くスタイルは、『週刊文春』記者時代からずっと貫いてきました。例えば孤立死の現場にしても、もっとひどい内容のものもありましたが、「これ以上書いたら読者に嫌悪感しか抱かれないのではないか」「どこまでなら受け入れて読んでもらえるか」と、長く深く取材して現場にどっぷり浸かってしまっているからこそ、そのギリギリの線引きの見極めが難しかったですね。

黒川　腐敗死体があった部屋なんかはどんな臭いがするの？

新郷　本編でも記しましたが〝表現できない臭い〟。文章書きのくせに、どうあっても〝表現できない臭い〟なんです。実際「あの臭いを言い表せますか？」と、関係者何十人に聞いても「あの臭い」としか返って来ませんし（笑）。

黒川　死臭とも違うの？

新郷　複合的な凄まじい臭いなんです。血肉が溶けて腐敗した臭い、カビの臭い、畳や下水の腐った臭い、ゴキブリやネズミの糞尿の臭い……全部がミックスされて、何とも表現し難い臭いになるんです。なかでも、こびりついた古い血の臭いは独特ですね。家畜などではなく、他ならぬ人間の血の臭いは本能的に嫌悪感が凄まじいのだと思います。

黒川　畳や床は死体のとおりにシミがついているの？　全部処理をしても、そんなに臭いが抜けないの？

新郷　入室時には、すでに壁紙や床板も全部剥がして土台だけになっている部屋などもあり、現場はいろいろですが、共通するのはとにかく風通しをよくして、ある程度の期間を経ないと臭いが抜けない、という事実です。

黒川　一回、嗅いでみたいな、どんな臭いか。形容のできない臭い……物書きとしては難しいな。

新郷　間違いなく、人生観変わると思います（笑）。ただ、多くの現場を経験して、一人暮らしの男性宅では「孤立死予備軍」か否か、入室した瞬間に鼻でわかるようになりました。ひととおり片付けられた部屋でも、汚部屋でも、〝あの臭い〟の片鱗があるかないかで直感的に。

黒川　なるほど。病気なんかも臭いってあるよね。糖尿病の臭いとか。